D1603358

Una obra creada por Lyn Heward
y escrita por John U. Bacon

Cirque du Soleil ®

La magia

Una historia sobre el poder
de la creatividad y la imaginación

EMPRESA ACTIVA

Argentina - Chile - Colombia - España
Estados Unidos - México - Uruguay - Venezuela

The trademarks *Alegría*, *Corteo*, *Dralion*, KÀ, KÀ CIRQUE DU SOLEIL, *La Nouba*, *Mystère*, *«O»*, *Quidam*, *Saltimbanco*, *Varekai*, *Zumanity*, *Cirque du Soleil*, *Another Side of Cirque du Soleil*, *the rays design* and the *sun logo* are owned by Cirque du Soleil and used under license.

Título original: *The Spark – Igniting the Creative Fire That Lives Within Us All*
Editor original: Currency / Doubleday / A division of Random House, Inc., Nueva York
Traducción: Núria Martí Pérez

Aribau, 142, pral. - 08036 Barcelona
www.empresaactiva.com
www.edicionesurano.com

ISBN: 84-95787-99-7
Depósito legal: B - 16.153 - 2006

Fotocomposición: Ediciones Urano, S. A.
Impreso por Romanyà Valls, S. A. - Verdaguer, 1 - 08786 Capellades (Barcelona)

Impreso en España - *Printed in Spain*

A Guy y a todos los artistas, artesanos,
técnicos, empleados y gerentes del Cirque du Soleil,
que viven creativamente cada día,
y que por ello me han inspirado tanto.

Lyn

Índice

Prefacio

Por Guy Laliberté, fundador y Consejero Delegado

La magia no es un sólo un intenso *tour* de las operaciones y actividades del Cirque du Soleil. Es ante todo un encuentro íntimo con sus colaboradores, que viven cada día de forma creativa. Y aunque cuenta la historia del viaje de autodescubrimiento de un hombre, *La magia* revela una variedad de maneras sencillas que cualquiera puede utilizar para ser más creativo, ver posibilidades más amplias y crear su propia visión del futuro.

Con más de 3.000 empleados trabajando a tiempo completo, artistas, artesanos, técnicos y gerentes en gira alrededor del mundo, sería prácticamente imposible señalar los méritos de todas y cada una de las contribuciones creativas individuales. Por consiguiente, muchos de los personajes singulares que aparecen en este libro son un mosaico de los generosos, apasionados y talentosos hombres y mujeres que han compartido la experiencia del Cirque du Soleil. Sus historias, sin embargo, son reales. De sus grandes expectativas y «sueños espléndidos» han surgido productos creativos. Han aprendido a no ofrecer resistencia a sus sentidos, confiar en sus instintos, asumir riesgos y enfrentarse a los desafíos en un ambiente artístico y enriquecedor. Trabajan tanto solos como en equipo, aprendiendo a conectar con la gente y a llegar a ella de nuevas maneras, esforzándose siempre en reinventarse a sí mismos. Y aspiran a recompensar al mundo en el interminable proceso de cambio, intercambio y renovación. Son catalizadores.

A partir de una chispa insignificante puede surgir una gran hoguera...

1

Cruzando las puertas blancas

Cuando no tienes idea
de lo que andas buscando...

Si alguien me pregunta cuándo empezó mi extraordinario viaje, le digo que sucedió entre la primera y la séptima puerta. Al menos allí fue donde me descubrí después de dejar atrás la algarabía del casino, con sus parpadeantes luces, el sonido de los dados y la excitación que había por doquier. Por más que me fascinara la tierra de la suerte, necesitaba dar a mis sentidos un breve respiro del giro de las ruedas de la fortuna.

Estaba buscando algo, aunque no sabía exactamente qué. Iba en busca de algo extraordinario. Algo más allá del mundanal ambiente del marketing y del dinero que me había llevado en primer lugar hasta Las Vegas. Más allá de la rutina que se había instalado en mi vida. Pero, por supuesto, cuando no tienes idea de lo que andas buscando, es muy difícil encontrarlo.

Cuando estaba a punto de refugiarme en la habitación de mi hotel para gozar de unos momentos de tranquilidad, vi a dos hombres vestidos de negro alejándose de las máquinas tragaperras y dirigiéndose hacia una parte más tranquila del casino. Los seguí casi en un estado de ensueño. Desaparecieron por una puerta blanca, quizá la única del casino que no anunciaba lo que había detrás de ella. Intrigado, la empujé y al abrirse, me condujo a un silencioso pasillo de color blanco inmaculado, iluminado con tanta maestría que casi parecía irradiar energía. A pocos metros vi otra puerta, tan prístina y atractiva como la primera. También la abrí, aunque esta vez con más tiento, porque podía decir que había abierto una puerta por error, pero la segunda ya hubiera parecido una indiscreción más seria.

Detrás de la segunda puerta había una tercera. ¿Quiénes eran esos hombres y adónde iban? ¿Y qué haría yo cuando me los encontrara? ¿En qué clase de aventura de Alicia-en-el-País-de-las-Maravillas-cayendo-por-el-agujero-del-conejo me estaba metiendo? Al atravesar la siguiente puerta, advertí una cámara de seguridad colgando del techo y la mesa del personal de seguridad a la izquierda, y sentí que se me tensaban los hombros. ¿Qué era lo que estaban intentando proteger? Como no se veía un alma, seguí adelante. Al llegar a la sexta puerta, ya había aceptado que no tenía idea de adónde me estaba llevando aquel pasillo, pero tenía la inconfundible sensación de que a cada puerta que dejaba atrás, estaba un paso más cerca de lo que andaba buscando.

Al empujar la séptima puerta comprendí que había llegado al final del pasillo y al inicio de mi viaje. Al abrirla apareció un inmenso teatro. A mi izquierda se extendían, formando un arco, hileras de asientos forrados de felpa azul. El techo se elevaba a unos treinta metros de altura y tuve que resistirme a la tentación de ponerme a gritar para escuchar el eco de mi voz y comprobar que no estaba soñando.

A mi derecha se encontraba el escenario más extraño que jamás había visto. Contemplé cómo una misteriosa estructura monolítica, quizá de doce por veinticuatro metros, se movía de izquierda a derecha, y hacia arriba y hacia abajo, hasta que al final, al llegar a un cierto punto, se mantuvo derecha, como si desafiara la fuerza de la gravedad. No tenía idea de para qué servía: ¿formaba parte del decorado? ¡Para escalar tal precipicio uno tenía que ser Spiderman!

Al otro lado del teatro vi a los individuos que sin proponérselo me habían hecho cruzar las puertas. Estaban ajustando el equipo de la plataforma mecánica giratoria que colgaba peligrosamente detrás de uno de los pisos del escenario que llevaba a lo que parecía ser un abismo sin fondo. Aunque se encontraban al menos a unos dieciocho metros de distancia, podía oír claramente sus voces ya que la acústica del teatro era perfecta. Advertí que la media docena de personas dispersas por el escenario hablaban con distintos acentos: escocés, ruso, tejano y francés canadiense.

Estaban tan concentradas en lo que hacían que no parecían haberse percatado de mi presencia. La última vez que sentí tanta curiosidad había sido en la universidad, cuando cada experiencia era una nueva aventura para mí y no tenía que preocuparme por las consecuencias de mis actos, a diferencia de ahora; mi mente parecía darse cuenta de las posibilidades que me estaba ofreciendo aquel entorno. Me senté en uno de los asientos del teatro, en medio de aquella fascinante escena, sin perderme un solo detalle.

El enorme teatro parecía más bien una gran y oscura pajarera formada por unas inmensas pasarelas hechas con planchas de madera vieja y barandas de cobre, unos intrigantes elementos que contrastaban con el estilo ultramoderno del MGM Grand Hotel. Su intemporal cualidad me daba la sensación de haber entrado en un edificio construido mucho antes de que existiera Las Vegas.

Creo que estuve sentado allí durante diez o veinte minutos, simplemente contemplando y escuchando.

Al final alguien se percató de mí: una mujer que parecía haber salido de la nada, esbelta y de mediana edad, con el pelo corto de color pelirrojo y una elegante chaqueta de ante, me miró con una expresión amistosa. Se dirigió hacia mí caminando entre las hileras de asientos. Yo me encontraba sin duda en un lugar en el que no debía estar, pero ella parecía más curiosa por mi presencia que enojada.

Normalmente me habría deshecho en disculpas por haber entrado en un lugar privado y me habría apresurado a irme, pero algo me impidió hacerlo.

—Hola —dijo ella cuando se encontraba a un par de hileras de distancia.

—Hola —le respondí asintiendo con la cabeza. Supuse que iba a echarme y no creí que tuviera ningún sentido resistirme. Pero en lugar de pedirme que me fuera, me estrechó la mano.

—Me llamo Diane —dijo.

—Y yo Frank —respondí. Se sentó a mi derecha, a sólo un par de asientos de distancia, sin perderse ni un detalle de la escena que se desplegaba ante nosotros. ¿Había ido ella a parar a este universo alternativo de la misma forma que yo?

—Es impresionante, ¿verdad? —me preguntó señalando el escenario con la mano.

—Nunca había visto nada igual —respondí.

—Me gusta considerarlo como un teatro de sueños sin cumplir y de grandes expectativas.

Yo no supe qué decirle al respecto.

—A pesar de su tamaño, es muy silencioso —añadí.

—¡Mmmm! —asintió ella—. Durante el día es un lugar muy relajante y tranquilo. Pero en el aire también flota una especie de electricidad, ¿no crees? Antes de que el espectáculo empiece, siento a menudo una energía cinética flotando en el aire, como si el teatro estuviera a punto de estallar.

Cuando acababa de pronunciar estas palabras explotó una bola de fuego sobre el foso, en medio del escenario; el humo flotó unos segundos en el aire y luego desapareció.

—¡Sólo lo estaba probando, Diane! —gritó un hombre vestido de negro.

—¿Qué es? —le pregunté. A estas alturas ya había comprendido que ella trabajaba en el teatro y yo había dejado de considerarme un intruso. Pero mi talento para las observaciones graciosas se había esfumado, sólo me quedaba el sincero deseo de aprender más cosas sobre aquel lugar.

Ella se echó a reír.

—¿Cómo has llegado hasta aquí?

Al recordar las puertas que había franqueado, sonreí. Comprendí que no se trataba de un sueño, sino que estaba bien despierto.

—Mientras buscaba la forma de huir de un seminario —le expliqué— me puse a pasear por el casino. Entonces vi a esos tipos —añadí señalando a los montadores— y pensé que parecían saber mejor que yo adónde iban y decidí seguirlos.

—¡Caramba!, admiro tu espíritu aventurero —dijo Diane—. ¿Qué clase de trabajo es el que te ha traído hasta Las Vegas?

—Soy agente de deportistas —le respondí casi disculpándome.

—No parece que te apasione demasiado tu trabajo.

—Al principio me encantaba. Trabajar con atletas (con

los talentos, como nosotros los llamamos) era excitante. Estaba siempre volando a distintas ciudades del país, buscando la siguiente estrella legendaria de la NBA o el siguiente mariscal de campo de la Liga Nacional de Fútbol Americano —hice una pausa—, pero al cabo de un tiempo mi trabajó dejó de apasionarme y se convirtió en uno como cualquier otro —le confesé.

Me sorprendió mi franqueza. ¿Por qué le estaba revelando mis sentimientos a una desconocida?, me pregunté. Era inusual en mí; precisamente mi trabajo me exigía no poner nunca las cartas sobre la mesa.

Diane asintió comprensiva.

—No hay demasiadas personas a las que les apasione su trabajo, ¿no es cierto?

—No, supongo que no —respondí. No me venía a la cabeza ningún conocido al que le apasionara su trabajo.

—¿De qué trataba el seminario?

—De marketing creativo —repuse recitándole el título—. Pero en realidad no trataba de creatividad, sino de encontrar incluso más formas de ganar dinero mediante patrocinios. —¿Desde cuándo soy tan cínico sobre mi trabajo?, pensé—. ¿Qué espectáculo estáis ensayando? El escenario del teatro parece el de las películas de Indiana Jones.

—¿Lo dices en serio? —me preguntó Diane—. ¿De verdad no sabes de qué va el espectáculo?

Lo negué con la cabeza. Ella en lugar de mostrarse ofendida, sonrió divertida. Estoy seguro de que se preguntaba quién era ese desconocido que había logrado burlar los controles de seguridad y plantarse en la platea del teatro a media tarde.

Diane se giró hacia mí y me dijo:

—Se trata de un espectáculo llamado *KÀ*. ¿Has oído hablar del Cirque du Soleil?

—¡Claro que sí! —respondí, sintiendo que al fin aquel desconcertante ambiente estaba empezando a cobrar sentido para mí—. He visto vuestros carteles anunciándolo por todo Las Vegas. Pero si he de serte sincero, no sé exactamente qué es lo que hacéis.

—Pues —dijo Diane aceptando el reto de instruirme, buscando unas palabras introductorias que posiblemente no había pronunciado en años— somos una compañía de entretenimiento creativo; nuestras actuaciones se desarrollan en torno a los sueños, el talento y las pasiones de nuestros artistas y creadores. El circo se formó en Quebec en 1984 y ahora estamos representando once espectáculos por todo el mundo, cuatro de ellos aquí, en Las Vegas.

—Si este teatro refleja de algún modo lo que hacéis, puedo imaginarme lo especial que será vuestro espectáculo —le dije—. ¿Tenéis también payasos?

Ella se echó a reír.

—Sí, aparte de todo esto, también hay payasos —repuso—. Mira, no creo que pueda explicártelo todo en cinco minutos. Y hoy tengo varias reuniones. Pero te diré qué es lo que podemos hacer. ¿Por qué no asistes esta noche al primer espectáculo, al de las siete y media? Dame una tarjeta tuya y ve esta noche a buscar la entrada en la taquilla. Así verás por ti mismo qué es el Cirque du Soleil.

—¡Qué bien! —le dije levantándome y entregándole una de mis tarjetas—. Te agradezco de veras este detalle.

—¡Estupendo! Hasta la noche entonces —respondió ella. Yo contemplé una vez más aquel impresionante espacio y luego me fui.

... es fácil encontrarlo

Volví al seminario con una renovada energía, pero no precisamente para el «Marketing creativo». Mientras otro de los conferenciantes iniciaba su presentación, yo seguía pensando en lo que acababa de ver. Ninguno de mis colegas parecía sospechar que aunque estuviera sentado junto a ellos, con una expresión atenta, mi mente seguía estando en el teatro donde se representaba *KÀ*.

Al terminar el seminario algunos de mis colegas empezaron a hacer llamadas para ir a jugar un rápido partido de golf de nueve hoyos, mientras que otros hablaban de adónde podían ir a cenar. Pero yo decliné amablemente todos sus ofrecimientos.

—¡Pareces otra persona, Frank! —dijo Steve con una sonrisa burlona—. ¿Te encuentras bien?

—Es que tengo una entrada para asistir esta noche a un espectáculo —respondí resistiéndome a divulgar mi secreto.

—¿Para cuál de ellos?

—Para el del Cirque du Soleil —respondí—. Creo que se llama *KÀ*.

—¡Pero si hace meses que se han agotado las entradas! —exclamó Steve—. ¿Cómo has logrado conseguir una?

—Yo... Mmmm...

¿Cómo lo había logrado? ¿Por qué Diane me había regalado una entrada? ¿Y por qué no me había echado del teatro cuando me vio? Cuando vi la expresión de mis colegas, comprendí la suerte que había tenido al ver las puertas blancas y decidir cruzarlas.

—Chicos, cuando sabes lo que andas buscando —les expliqué fingiendo una baladronada—, es muy fácil encontrarlo.

2
La invitación

KÀ

El misterioso ambiente del teatro en penumbras, el creciente ritmo de la música, el calidoscopio de luces y las fascinantes figuras de los acróbatas girando en el escenario me habían cautivado. Ya no pensaba en dónde me hallaba ni en lo que estaba contemplando, sino que sólo me dedicaba a experimentarlo.

Cada viaje interior se inicia a través de alguna técnica, pero sólo puede progresar cuando logras ir más allá de la propia mecánica y vives el momento. Una hábil masajista quizás empiece relajándote los músculos, pero si te dejas llevar por el contacto de sus manos, acabará transportándote a una tranquila isla. Un hipnotizador, por lo que tengo entendido, te hará sumergir en tu subconsciente con sólo el timbre de su voz hasta que, inmerso en las capas de tus sueños, te olvides de tu mente consciente. Y un cuentista, con su gran dominio de las metáforas, puede tejer un relato que cambiará tu vida.

El relato que yo estaba presenciando en el escenario era una historia épica sobre unos jóvenes gemelos, un príncipe y una princesa que habían sido separados en la infancia y que ahora ignoraban si el otro aún seguía vivo. En una de las escenas, en la que aparecía la nave real hundiéndose, la joven princesa caía al mar después de haber estado a punto de perecer en un ataque en el cual la mayoría de los miembros de su familia perdían la vida.

Mientras contemplaba su silencioso y solitario descenso por el cerúleo mar en que el escenario se había convertido, me puse a pensar en cómo había llegado hasta aquí: en el seminario, en las siete puertas, en la sorprendente generosidad de Diane, que se había sentado en el asiento vacío junto al mío segundos antes de que empezara el espectáculo. Estaba contemplando, escuchando y experimentando lo que sucedía en el escenario con todos mis sentidos.

El traslúcido telón con el que se había cubierto la parte frontal del escenario y los logrados giros que la acróbata daba al descender creaban la inconfundible sensación de estar viendo a la princesa hundiéndose en un mar sin fondo. Mientras se sumergía, mis pensamientos también empezaron a sumergirse en Mike, mi mejor amigo, que había muerto el año pasado en un accidente de coche.

Mike y yo habíamos formado parte del equipo de natación de la universidad a la que asistíamos. Recuerdo que quedábamos cada mañana al amanecer, horas antes de empezar el entrenamiento, para hacer algunos largos de más. Cuando pienso en lo que me costaba levantarme de la cama, no puedo creer que yo sea la misma persona que la que en aquella época solía participar en una temprana sesión de natación con tanto entusiasmo. Mike tenía mucho que ver con ello, era la única persona que conocía que deseaba ganar tanto como yo; a veces es más fácil fallarte a ti mismo que a un compañero.

Cuando me enteré de que había muerto, me planteé dejar mi trabajo. Mike decía siempre que la vida era demasiado corta como para hacer algo que no te apasionara. Pero no me atreví a dejarlo. ¿Y si no encontraba ningún otro? ¿Cómo pagaría entonces la hipoteca, las facturas? Por eso, al día siguiente de consolar a la afligida esposa de Mike en el funeral, estaba de vuelta en mi despacho.

No podía imaginarme que *KÀ* tuviera el poder de desencadenar esta clase de recuerdos, pero por extraño que pueda parecer, eso era precisamente lo que estaba sucediendo. Cada escena parecía provocar en mí un distinto recuerdo o sentimiento. ¿Les estaría ocurriendo lo mismo a los otros espectadores?

Cuando los gemelos reales consiguieron reunirse de nuevo al final, el público respondió a mi pregunta poniéndose en pie para aplaudir efusivamente a los artistas. Yo también hice lo mismo.

Al encenderse las luces, eché un vistazo al programa que Diane me había dado. Advertí que en él no se destacaba el nombre de ningún artista en particular, no se promocionaba a unos más que a otros. Y, sin embargo, acababa de verles realizando unas hazañas atléticas que la mayoría de mis clientes nunca se atreverían a protagonizar, aunque les pagaran una suma multimillonaria por anunciar una bebida isotónica.

—¿Te ha gustado? —me preguntó Diane sonriendo. Me volví hacia ella, sin poder aún articular palabra. Intuí que Diane conocía ya la respuesta.

Al levantarnos de los asientos, me sentí rejuvenecido. Me había sorprendido el increíble control de los artistas al realizar aquellas peligrosas acrobacias en el aire. No sólo alcanzaban el objetivo que se habían fijado, sino que además con sus cuerpos esculpían historias, tallaban ideas del aire y provocaban emociones en el público. Mientras les veía escalar la casi vertical plataforma giratoria que había descubierto por la tarde, me miré los michelines de la cintura, que me habían crecido en los últimos años debido a las numerosas cenas compartidas en lujosos restaurantes con los futuros clientes para metérmelos en el bolsillo, y a la comida rápida con la que me había alimentado cuando me quedaba trabajando en la oficina hasta altas horas de la noche. También había estado pensando en cómo había conseguido cerrar mis primeros grandes tratos para mi compañía: compartiendo con los posibles clientes historias sobre mis limitadas experiencias atléticas. En la actualidad nuestras conversaciones parecían girar sólo en torno a una cosa: el dinero.

Pero a pesar de tener estos pensamientos, también sentí un nuevo mundo de posibilidades: si estos artistas podían contorsionar sus cuerpos de una forma tan increíble, si podían saltar desde unas alturas tan asombrosas, si me habían hecho sentir una chispa de algo que hacía años no sentía, ¿acaso no podía yo también alcanzar unos maravillosos logros?

—¿Te gustaría que diéramos una vuelta entre bastidores? —me preguntó Diane mientras abandonábamos la sala.

Dudé un poco antes de responderle, el espectáculo me había fascinado tanto que temía romper su encanto al colarme entre bastidores y descubrir que el Gran y Poderoso Mago de Oz no era más que un tipo con un amplificador. Pero entonces comprendí que si había llegado hasta aquí era por haber seguido mi instinto en lugar de dejarme guiar por el «sentido común».

—¡Claro! —le respondí—. Vayamos a verlos.

La importancia de cruzar puertas desconocidas

Nos libramos de la multitud que abandonaba el teatro atravesando una puerta lateral. Después de recorrer el mismo pasillo que había descubierto por la tarde y pasar por delante de una pizarra llena de lo que parecían ser unas notas dirigidas a los artistas, subimos por unas escaleras y al girar llegamos a una sala de estar donde los artistas, todavía con el maquillaje y los disfraces puestos, se abrazaban y felicitaban a gritos y entrechocaban las manos.

Ni se me había ocurrido, debido a la en apariencia perfecta actuación que había presenciado aquella noche, que pudieran dudar de un merecido y rotundo éxito, pero al verlos felicitarse me acordé de que todos tenemos noches buenas y noches malas, que incluso los artistas más experimentados se arriesgan. Y en aquel espectáculo se corrían muchos grandes riesgos: como saltar de un mástil de dieciocho metros a otro de la misma altura situado a nueve metros de distancia, utilizando sólo la fuerza de los muslos para evitar caer de una altura de seis pisos.

Los artistas desaparecían en distintos momentos del espectáculo de la vista del público cayendo en lo que parecían ser los confines del mundo. Ahora que yo había recuperado el habla, tenía un montón de preguntas por hacer.

—Diane, ¿adónde van a parar cuando caen del escenario?

—A un enorme colchón de aire que hay debajo de la plataforma giratoria —respondió Diane—. Es una caída de dieciocho metros. ¡No aconsejo a nadie que la haga sin haberse preparado antes un poco!

Al ver a Diane, los artistas se acercaron enseguida. Sin duda era una persona importante para ellos.

El artista que hacía el papel de «Muchacho volador», el personaje que salvaba a la princesa de la caída, dio un gran abrazo a Diana.

—¡Slava! —exclamó ella—. ¡Ha sido fabuloso!

Después de que otro artista se llevara a Slava para que se uniera de nuevo con ellos, Diane se volvió hacia mí y me dijo:

—Pertenece a la cuarta generación de una famosa familia circense de Moscú. Los hijos de los artistas de circo rusos suelen seguir la tradición familiar.

Otro acróbata, en este caso asiático, también le dio un abrazo.

—¡Henry! —exclamó ella. Diane me contó que cuando Henry ingresó en la Escuela Nacional de Circo de Montreal no era más que un chico común y corriente de diecinueve años procedente de Edmonton. No tenía ninguna experiencia como acróbata, pero estaba decidido a convertirse en uno. Te sorprendería saber cuántas historias como la suya hay aquí. La mayoría de los que llegan al Cirque du Soleil son jóvenes prácticamente del montón, sólo que aspiran a algo más.

Me sorprendió ver entre bastidores una gran cantidad de personas que no habían aparecido en el espectáculo o, al menos, en el escenario.

Dos de ellas —cuya ropa de trabajo parecía casi exótica entre la carmesí y negra de los arqueros con aspecto de samuráis cubiertos con salvajes pinturas de guerra— se acercaron a ella y la abrazaron. Diane me los presentó: Ian, un hombre musculoso y calvo, sosteniendo una tablilla con sujetapapeles en la mano, y Rick, un tipo delgado y atlético con tejanos, botas con puntera de acero y un voluminoso *walkie-talkie* en el cinto.

—¿Qué ocurrió? —les preguntó Diane. Yo no tenía idea de qué estaban hablando.

—¿Estás segura de que quieres saberlo? —le respondió Ian poniendo los ojos en blanco.

—No, probablemente no —repuso ella—. Pero fuera lo que fuera, lo habéis resuelto muy deprisa. No creo que el público se haya dado cuenta de que algo no funcionaba.

—Diane, he de decírtelo, de haber tardado cinco minutos más en resolverlo, habríamos tenido que cancelar el espectáculo. ¡Los elevadores del escenario no funcionaban!

—¡Tienes razón, no debías de habérmelo dicho! —respondió ella echándose a reír—. Al menos tu lista de control ha funcionado. Ahora el protocolo es mucho más riguroso que el de los espectáculos de otoño.

—Es cierto —dijo Ian—. Hace varios meses nunca habríamos descubierto el problema con la suficiente rapidez.

—¿Qué era?

—Un problema técnico informático —repuso Steve—. Recibíamos una señal indicando que los elevadores carecían de presión hidráulica. Y éstos al recibir la señal, fuera correcta o incorrecta, no funcionaban. De modo que todo nuestro equipo se puso a revisar la lista de control para averiguar cuál podía ser el problema y lo descubrimos en un par de minutos. En realidad, fue Ian, nuestro as en automatización, el que lo encontró —dijo dándole unas palmaditas en la espalda—. Hace algunos meses no sólo habríamos intentado arreglar el ordenador que lo gobierna, sino todo el sistema hidráulico. El secreto está —dijo Rick volviéndose hacia mí— en no intentar resolver el problema antes de saber cuál es.

—¿Conoces la definición de un buen espectáculo? —añadió Ian. Le indiqué que no lo sabía encogiéndome de hombros—. ¡Un buen espectáculo es aquel en el que sólo *uno* sabe lo que ha ido mal!

—Creo que habéis hecho un magnífico trabajo. ¡Os felicito a todos! —dijo Diane volviéndose hacia el equipo—. ¡Un espectáculo más, sólo nos quedan varios miles por hacer! —después de pronunciar estas palabras me condujo por el pasillo que llevaba de vuelta al casino; yo aún podía escuchar los gritos de alegría del equipo resonando a lo lejos.

—Diane, he de preguntarte algo: ¿por qué me has invitado esta noche? Quiero decir, que no soy más que un tipo que se metió por una puerta equivocada. No creo que invites a demasiados desconocidos a visitar los bastidores como has hecho conmigo.

Meditó un momento antes de responderme.

—Tienes razón, no suelo hacerlo —respondió—. Supongo que vi algo en ti. Sabes, creo en la importancia de cruzar puertas desconocidas, de descubrir cosas sin proponérselo. No puedo evitar pensar que tropezaste conmigo por alguna razón.

»Cuando hablamos esta tarde —prosiguió Diane— me contaste que al principio tu profesión te apasionaba, pero que ahora se había convertido en un trabajo como cualquier otro. No hay demasiadas personas que sientan que su trabajo es una vocación. Y son muchas menos las que se dan cuenta que la han perdido. Dime, ¿en qué se diferencia tu trabajo de lo que has descubierto en el espectáculo de esta noche?

—Mi trabajo no tiene nada que ver con lo que ha ocurrido aquí esta noche. Yo trabajo en mi despacho, aunque lo haga con algunos de los atletas más famosos del mundo. La mayoría del tiempo estoy negociando contratos por teléfono con grandes corporaciones. No voy cubierto con atractivos disfraces ni actúo ante miles de personas. ¡Sólo llevo un traje!

Diane se echó a reír.

—Nuestros abogados negocian también contratos y los que se encargan del marketing tratan con las mismas grandes compañías. Aunque probablemente no lo hagan del mismo modo que tú. Cada una de las personas que trabaja aquí hace las cosas de una manera un poco distinta, sea cual sea su trabajo. Y se mantiene conectada al producto final: los espectáculos. No dirigimos una cadena de montaje ni nuestros trabajadores están encerrados en sus cubículos, sino que todos formamos parte de lo que se representa en el escenario, por eso has visto entre bastidores a tanta gente de lo más normal. Pensé que si esta noche te invitaba, tal vez el espectáculo te ayudaría a recordar tu vocación, cómo eras antes de empezar a ponerte este traje.

Observé atentamente mi atuendo. Diane sonrió, había estado hablando por supuesto de forma metafórica. Antes de darme tiempo a contestar, dijo:

—Frank, esta noche he de ver a muchas personas. Pero me gustaría seguir en contacto contigo. Aquí tienes mi tarjeta. Si pasas por Montreal, llámame. Me encantará saber si has sido capaz de recuperar tu pasión. En cierto modo, esto es lo que define al Cirque du Soleil.

Mientras ella desaparecía, leí la tarjeta que me había dado: *Diane McKee, presidenta. Departamento Creativo, Cirque du Soleil.*

3

La audición

Bienvenidos al Cirque du Soleil

Al volver a Chicago supuse que el hechizo del Cirque du Soleil se rompería al igual que ocurría con mi decisión de recuperar la línea en cuanto mis ojos se posaban en el delicioso pastel de chocolate que había en la bandeja de los postres. Por eso pensé que mi vida recuperaría su ritmo cotidiano en cuanto se hubiera evaporado la inspiración que sentí en Las Vegas.

Fueron transcurriendo los días y sin embargo mi entusiasmo no desapareció. Pasó una semana, y otra, hasta que al final llegué a la conclusión de que la llama que el Cirque du Soleil había prendido en mí no se extinguiría tan fácilmente.

Fue con este pensamiento en mente que un día empecé a consultar mi e-mail y los dossiers que había sobre el escritorio buscando una razón plausible para hacer un viaje a Montreal. Y encontré una: Cari Schultz, una gimnasta universitaria a la que nuestra compañía representaba, había sido seleccionada para presentarse a una audición del Cirque du Soleil.

Normalmente uno de mis colegas más jóvenes se habría ocupado de una clienta de esta talla, ya que alguien de mi posición sólo representaba a los atletas que suponían una importante fuente de ingresos para la compañía —como los jugadores de fútbol americano, de béisbol o de baloncesto profesionales—, pero lo habitual ya no me atraía. Por primera vez en años empezaba a apreciar las oportunidades que mi trabajo me ofrecía. Me puse a buscar la tarjeta de Diane, cogí el teléfono y marqué su número antes de cambiar de idea.

Para mi sorpresa, fue ella misma la que se puso al teléfono. Se acordó de mí enseguida y me preguntó cuándo iría a Montreal. «La próxima semana», le dije, explicándole lo de la audición de Cari Schultz. Al colgar sentí como si me hubiera quitado un gran peso de encima, sabía que había sido una buena decisión.

Aunque no conocía a Cari, cuando el avión despegó del aeropuerto internacional O'Hare de Chicago la gimnasta ya me había impresionado mucho. Era menuda, bonita y fuerte, me recordaba un poco a Mary Lou Retton, la primera gimnasta estadounidense que ganó una medalla de oro en unos Juegos Olímpicos. Al cabo de poco me enteré de que ella se hacía tantas preguntas sobre el Cirque du Soleil como yo.

—Ni siquiera me encuentro entre las diez mejores campeonas ni mucho menos soy una medallista olímpica —me confesó mientras el avión se elevaba a gran altitud—. Y el Cirque de Soleil sólo contrata a gimnastas de primera categoría. ¿Por qué querrían a alguien como yo?

—Necesitan deportistas talentosos —le expliqué recordando la conversación que había mantenido con Diane la semana anterior—, pero supongo que el talento solo no les basta. A lo largo de los años han rechazado a varios medallistas olímpicos. No sólo se fijan en lo bien que uno salta o se mueve en las barras asimétricas.

—¿Qué es lo que quieren entonces? —preguntó.

—No estoy seguro, pero sé que les gustas porque participas en todas las pruebas deportivas (la versatilidad es un gran punto a tu favor) y eres la capitana de tu equipo. Como sus artistas han de trabajar juntos durante años, el saber trabajar en equipo cuenta. Estoy seguro de que cuando te entrevistaron por teléfono se hicieron una idea de tu personalidad.

—¡Caramba! —respondió Cari—. ¡Fue la entrevista más extraña que me han hecho en todo el semestre! Me pidieron que les dijera cuál había sido el momento más embarazoso de mi vida.

—¿Y qué les dijiste? —pregunté lleno de curiosidad.

Ella se echó a reír.

—El día en que mi leotardo se rompió por uno de los lados mientras hacía los ejercicios de suelo, casi hasta la axila. No llegué a enseñar ninguna parte íntima de mi cuerpo, pero cuando terminé todo el estadio me miraba.

—¿Y qué hiciste entonces?

—¡Qué querías que hiciera! —exclamó—. Realicé la última pirueta con la mayor perfección posible, levanté los brazos en un ademán de triunfo y les ofrecí una gran sonrisa. ¡Al público le encantó mi reacción! —dijo—. ¡Y los jueces me dieron la puntuación más alta de toda mi carrera! A la cazatalentos del Cirque du Soleil también le encantó. Dijo que cada accidente no era más que una oportunidad creativa.

Los dos nos echamos a reír.

—No creo que sea difícil comprender qué es lo que han visto en ti —repuse—. Si quieres que sea sincero, sólo he visto un espectáculo del Cirque du Soleil. Pero aunque las acrobacias sean espectaculares, los que las realizan son artistas y no competidores, la pasión y la tenacidad están siempre presentes en ellos.

—¡Eso espero! —dijo contemplando por la ventana del avión el paisaje canadiense cubierto por un manto de nieve—. He aceptado que nunca voy a participar en las olimpiadas. Pero la oportunidad que ahora tengo me servirá para utilizar mi preparación deportiva de una forma totalmente distinta.

Aunque ya estuviéramos a principios de abril, al salir del aeropuerto nos encontramos con una temperatura de seis grados bajo cero que te dejaba helado de frío, pese al radiante sol y al despejado cielo. Mientras un taxi nos llevaba a las oficinas centrales del Cirque du Soleil, situadas al extremo norte de la ciudad, vi que la nieve apilada en la cuneta formaba unas rampas lo suficientemente grandes como para lanzarse por ellas en una tabla de *snowboard*. Al cabo de poco llegamos a la sede central decorada con un reluciente cubo de aluminio en el centro y una escultura de bronce representando un enorme zapato de payaso frente a la entrada principal.

Después de cruzar las puertas acristaladas del edificio principal, divisé en la mesa del personal de seguridad a Diane, que llevaba su característica chaqueta de ante.

—¡*Bonjour*, Frank y Cari! ¡Bienvenidos al Cirque du Soleil! —exclamó abriendo los brazos de par en par—. Ésta es Marie —añadió señalando a una joven de pie junto a ella—. Te guiará en los trámites de inscripción —dijo a Cari—. Te alojarás al otro lado de la calle, en la residencia de los artistas. Y en cuanto a ti —observó señalándome—, harás una pequeña visita conmigo. Pero antes debéis obtener las tarjetas de identificación como visitantes.

A Cari y a mí nos llevaron hasta un mostrador tan vistoso y llamativo como el de un *stand* en el que se promociona una playa, para hacernos una foto.

—Por favor, pon los pies en las huellas —me dijo el fotógrafo—, es como cuando te sacas las fotos para el carnet de conducir.

Cuando miré las huellas para asegurarme de que mis pies estuvieran en el lugar correcto, vi que eran las de unos zapatos de payaso, con un diminuto tacón y un pie enorme. No pude evitar sonreír.

Después de hacerse la foto, le deseé buena suerte a Cari, igual como había hecho antes con tantos otros clientes. Pero cuando me respondió con una sonrisa, me di cuenta de que esta vez yo lo había dicho de todo corazón.

La razón de nuestro trabajo

—Inauguramos las oficinas centrales del Cirque du Soleil en 1997 —me explicó Diane mientras cruzábamos el vestíbulo principal—. Al principio estuvimos durante años en el centro de la ciudad, en un antiguo taller de reparación de máquinas locomotoras, pero sabíamos que necesitábamos más espacio. Por eso construimos este complejo, pensando que aunque siguiéramos expandiéndonos, al menos nos serviría durante una década. Pero al cabo de tres años ya se nos había quedado pequeño y tuvimos que doblar el espacio construyendo otra estructura adosada a ésta, ¡y en dos años se nos ha vuelto a quedar pequeña!

Pasamos por delante de varias mesas circulares de acero inoxidable en las que había gente tomando café, comiendo cruasanes y manteniendo unas alegres conversaciones. Todo el mundo parecía estar charlando animadamente, riendo, haciendo bosquejos en grandes blocs de dibujo o escribiendo notas en sus agendas.

—Parece un lugar muy agradable —dije.

—¡Oh, sí, lo es! —observó Diane—. Aunque, por supuesto, no siempre es así, también tenemos nuestros días malos como todo el mundo, pero la mayor parte del tiempo es un lugar muy agradable. Cuanto mejor nos llevemos, más libres nos sentiremos para soltarnos y expresar nuestras ideas y emociones. Es difícil ser creativo en el aislamiento. La verdadera creatividad requiere colaboración... y sí, incluso conflictos y enfrentamientos.

Diane me condujo a través de una sala bañada por la luz del sol, bordeada por una hilera de grandes ventanales en un lado y una serie de vistosos pósteres en el otro, cada uno con un extravagante nombre: *Quidam, Saltimbanco, Varekai.* Pensé que parecían nombres extranjeros, aunque no supe decir a qué idioma correspondían. Los pósteres mostraban imágenes extrañas y fascinantes: un hombre sin cabeza llevando un paraguas, una cómica mujer maquillada como los artistas de circo sonriendo atolondradamente y un individuo larguirucho, con una expresión paternal y amistosa, que parecía crecer de alguna clase de planta, hasta que descubrí que la planta eran sus pantalones.

Diane advirtió que me habían llamado la atención.

—En todo el edificio verás pósteres de nuestros espectáculos. A las personas que formamos parte del Cirque du Soleil, sea cual sea la clase de trabajo que hagamos en él, tanto si somos acróbatas como contables, nos recuerdan que estos espectáculos existen gracias a nuestro trabajo. Esto nos motiva.

Nunca perder de vista la razón por la que uno trabajaba me pareció una buena idea que beneficiaba a cualquier clase de negocio. Intenté recordar la última vez que yo había asistido a algún partido de mis jugadores favoritos o que había llevado a uno de mis ayudantes a ver el de alguno de nuestros clientes, algo más revelador aún. Me deprimí al descubrir que hacía años que no ocurría.

Nos metimos en un ascensor, subimos un par de pisos, y recorrimos otra sala. En la pared había media docena de fotos enmarcadas. Me atrajo una vistosa fotografía de un hombre con un traje leyendo tranquilamente el periódico, esbozando una desconcertante sonrisa mientras su ropa y su sombrero estaban ardiendo.

—Éstos son nuestros payasos. El crecidito bebé que ves aquí pertenece a *Mystère,* nuestro primer espectáculo fijo en Las Vegas. El niño de expresión alocada es el payaso de *Saltimbanco,* un espectáculo que ahora se está representando en Europa. Y el tipo con la ropa en llamas pertenece a *O,* otro espectáculo de Las Vegas. Por cierto, el fuego es real. Tiene noventa segundos para cruzar el escenario sin que se le queme la piel, y ¡nunca le he visto dejarse llevar por el pánico y echar a correr!

Pasamos por delante de algunas de las salas de reuniones, que llevaban también distintos nombres de espectáculos para identificarlas: *La Nouba, Nouvelle Experience* y *Zumanity.* Algunas habitaciones daban a una de las grandes salas donde los actores ensayaban, que debían de tener unos seis pisos de altura. Al no haber cristales esmerilados ni puertas de acero que bloquearan la luz del sol o las miradas de la gente, el ambiente era claro y atrayente. Mientras pasábamos frente a varios despachos, oí animadas discusiones puntuadas por ocasionales carcajadas.

—Vayamos a la habitación llamada... *Quidam* —dijo Diane. Al entrar en ella me senté en una de las ocho sillas tapizadas que la amueblaban y miré por una de las ventanas. Al ver a alguien materializarse por un breve instante al otro lado de la ventana y desaparecer, moví de nuevo la cabeza lleno de incredulidad intentando averiguar si me lo había imaginado. Cuando al cabo de un momento volvió a aparecer por el marco de la ventana, comprendí que no se trataba de una alucinación.

Diane me explicó que los artistas estaban ensayando el nuevo espectáculo en el estudio que había en la puerta de al lado.

Me levanté, me acerqué a la ventana y pegué la nariz en el cristal como si fuera un niño mirando por la ventanilla del coche al pasar por el túnel de lavado. Las oficinas centrales del Cirque du Soleil me recordaban un fantástico parque infantil, era como ver el mundo con los ojos de un niño. En el estudio dedicado a los ensayos, situado en el piso de abajo, había algunos artistas que llevaban una especie de arneses con unas cuerdas elásticas sujetas a ambos lados a la altura de las caderas. Saltaban dando botes a nueve o doce metros de altura, volteando, girando y rotando en el aire, y después se agarraban a los trapecios que había en el techo, antes de volverse a soltar al unísono, formando parejas y tríos.

—Siento mucho interrumpir tu ensueño, Frank, pero hemos de repasar el contrato de Cari —observó Diane mirando algunos papeles sobre la mesa—. Si los ensayos te distraen demasiado, puedo bajar las persianas.

—No, no —le respondí distraído volviendo a sentarme, incapaz de apartar los ojos de la ventana.

—Te diré un secreto —añadió en un tono de complicidad—. En las negociaciones difíciles nos reunimos aquí porque en cuanto una compañía telefónica, un fabricante de ordenadores o una firma de contabilidad ve lo que hacemos, quieren asociarse con nosotros.

Yo podía entender sin duda por qué querían asociarse. ¡Qué manera más innovadora de persuadir a los posibles socios! Utilizar en nuestra agencia esta clase de método creativo para atraer a los clientes sería probablemente más eficaz que la agotadora parrafada que les soltábamos siempre sobre la calidad, la reputación y la integridad.

—No quiero decir que el contrato de Cari vaya a ser difícil de negociar —dijo Diane sonriendo—. En la fase en la que estamos, el contrato puede darse ya prácticamente por hecho. Si Cari supera la audición, se quedará aquí durante doce o dieciséis semanas para seguir nuestro programa general de formación, en el que pondremos a prueba sus habilidades físicas, su versatilidad, su energía y su receptividad. Recibirá un salario semanal justo por su trabajo. Y si funciona, le ofreceremos un papel en uno de nuestros números y volveremos a hablar del contrato, que esta vez será a largo plazo.

Sorprendentemente la descripción de Diane del proceso me había impresionado, me sentía tan nervioso por Cari como me había sentido de joven al intentar ingresar en el equipo de natación de la universidad. Volvía a sentir la misma excitación que me producía mi trabajo en el pasado.

Después de terminar las negociaciones, me dijo:

—¿Te gustaría ir al piso de abajo para verlo con más detalle?

La pasión es el secreto de todo cuanto hacemos

Mientras bajábamos las escaleras para dirigirnos al primer piso, advertí que casi todo —las salas, los despachos, las pasarelas y las escaleras— se había construido en ángulo, creando una clase de ilusión óptica dimensional como la de la Fábrica de Chocolate de Willy Wonka. Los techos de las zonas comunes tenían unos doce metros de altura y por debajo de ellos pasaban alambres, cables de suspensión y tubos de acero. Prácticamente cada superficie plana se había decorado con obras de arte: desde pinturas, hasta relieves y esculturas. El efecto general que producía era futurista y fascinante, parecía un edificio del futuro. Si el entorno realmente ayuda a estimular la creatividad —como algunos afirman—, el ambiente del Cirque du Soleil debía de estimular la energía creativa de los empleados a tope.

Mientras nos dirigíamos al primer piso, vi que todas las personas con las que nos cruzábamos parecían conocer a Diane. Ella se detuvo a menudo para charlar o ponerse al día brevemente con alguien, igual como había hecho con los artistas y empleados tras la función en Las Vegas. Pidió a una de las personas del equipo que le enviara «el concepto del programa oficial» a su despacho. Y felicitó a una mujer alta llamada Birgit, procedente de Alemania del Este, por su nuevo hijo.

—Birgit se está preparando para volver al espectáculo de los mástiles chinos —me contó Diane tras haberse despedido de ella—. Después de la baja por maternidad se reincorporó al trabajo para ayudarnos un poco en los entrenamientos, pero creo que dentro de un mes ya volverá a actuar en los mástiles chinos. —Luego Diane tranquilizó a un estresado director creativo diciéndole que no se preocupara, que si perseveraban podrían empezar el espectáculo en la fecha fijada sin superar el presupuesto asignado, lo cual me recordó que no nos encontrábamos en parquelandia, sino en una compañía comercial con los mismos problemas económicos y de producción que cualquier otra.

—¿Presupuestos y fechas tope? —le dije bromeando—. No creía que aquí se aplicara ninguna de las reglas normales, incluyendo la de la gravedad.

—¡Oh, es cierto!, tenemos nuestros presupuestos y nuestras fechas tope —respondió—. Sin ellos no creo que pudiéramos ser ni la mitad de creativos de lo que ahora somos. Nos obligan a encontrar unas soluciones que de no ser así nunca descubriríamos. ¡Las limitaciones de tiempo, dinero y recursos pueden ser unos motivadores increíbles! Algunas de nuestras ideas más inspiradas han salido de las situaciones más espartanas.

Había algo que era cierto: aunque todos los empleados del Cirque du Soleil vistieran de forma informal, trabajaban con tesón. Cuando se lo mencioné a Diane, ella me respondió:

—¡Oh, sí! Creo que te parecerá un equipo que trabaja duro, y no sólo los artistas, sino todo el mundo. Julia, una de nuestros abogados, dedica más horas al circo que las que dedicaba en la importante compañía de abogados para la que trabajaba, famosa por su agotador ritmo de trabajo. No lo hace por obligación, sino por gusto. Le apasiona lo que hacemos. Creo que a la mayoría nos pasa lo mismo. Pero esta clase de trabajo no es para todo el mundo. Algunas personas necesitan una estructura más sólida, una mayor seguridad y un trabajo menos exigente para producir algo especial. Y esta clase de personas suele darse cuenta de ello en los primeros meses de estar aquí. La pasión es el secreto de todo cuanto hacemos y los que carecen de ella no duran demasiado aquí.

Una nueva forma de pensar

Llegamos ante dos gigantescas puertas rojas con ventanas redondas y al empujarlas, entramos en un inmenso gimnasio: un estudio, tal como Diane lo definió.

Enseguida me llamó la atención el ballet de *bungee*: los artistas llevaban una especie de arnés con unas cuerdas elásticas que estaban sujetas al enrejado del techo. Al contemplar a los seis cayendo hasta llegar a tres metros de distancia del suelo y elevarse hacia el techo como si fueran ingrávidos, se me hizo un nudo en el estómago. Pero no podía dejar de mirarlos. La velocidad, energía, precisión y postura eran extraordinarias. Sin embargo, el entrenador de los trapecistas no parecía tan impresionado como yo.

—¡Alex, no estás actuando en solitario! —le gritó a uno de ellos—. ¡Sólo nos queda un mes, has de hacerlo mejor! Debes fijarte en tus compañeros. ¡Siente el ritmo, experiméntalo y responde a él! Sólo entonces podrás expresarlo y transmitirlo al público. ¡Has de moverte como si no te costara ningún esfuerzo hacerlo, para que los espectadores sientan que están volando contigo! Vamos, repitámoslo otra vez.

Los artistas se lanzaron para agarrarse de nuevo a los trapecios, mientras el entrenador hacía la señal para que volviera a sonar la música. Después de hacer algunos movimientos en los trapecios, saltaron de ellos hacia atrás como aquel que se lanza al agua desde un trampolín situado a diez metros de altura, pero en este caso no había agua a sus pies, sino sólo un frío y duro suelo, por eso cuando la correa elástica llegó al límite, dieron una voltereta y se prepararon para ser proyectados hacia el cielo.

Advertí que los seis montadores —había uno para cada artista— estaban ajustando constantemente la tensión de las cuerdas elásticas para que los artistas pudieran hacer bien su trabajo y, al mismo tiempo, estar lo suficientemente protegidos por si algo salía mal. Los seis trapecistas —dos hombres y cuatro mujeres— podían así olvidarse del trabajo de los montadores y concentrarse en volar por el aire como unos nadadores sincronizados.

—¡Sí, sí, Alex, eso es! —gritó el entrenador—. ¡Ahora disfruta del movimiento! ¡Transmite esta sensación al público!

Y así lo hicieron: contemplé al sexteto volando, cayendo y dando saltos mortales, deslizándose por el aire y adelantándose unos a otros como unos ángeles acrobáticos bailando sobre las nubes. El número terminó con los seis posándose en sus trapecios al unísono, balanceándose con tanta suavidad y soltura como si estuvieran en un columpio.

—¡Esto es lo que queríamos conseguir! —exclamó el entrenador—. ¡Ahora podéis ver lo que habíamos imaginado! ¡Y entender por qué la gente quiere veros una y otra vez!

Todos nos pusimos a aplaudir.

—¡Bravo! —gritó Diane, gesto que el entrenador interpretó como que había llegado el momento de acercarse a ella. Diane me lo presentó diciéndome que se llamaba Igor.

—¡Un buen trabajo, *drug*! —observó ella utilizando, como descubriría yo más tarde, la palabra rusa que significa amigo.

—*Spasiba* —respondió él inclinándose un poco. Igor, que no medía más de metro setenta, tenía una larga barba entrecana y una amplia sonrisa que hacía juego con sus penetrantes ojos. Si hubiera llevado un chaleco, tejanos, botas de vaquero y un sombrero, habría parecido uno de los protagonistas de una película americana del Oeste de serie B en su papel de buscador de oro con malas pulgas.

—¡Lo han hecho de maravillas! —exclamó Diane—. Han progresado mucho.

—Al fin lo estamos consiguiendo —respondió él con la frente empapada en sudor—. Mal iríamos si no. El estreno será dentro de un mes y todavía nos queda medio camino por hacer.

—El número es increíble —dije.

—*Nyet* —respondió desechando mi cumplido como si se espantara una mosca pesada de encima—. Cada vez ha de salir mejor. Hay que hacerlo perfecto, para que ningún espectador sienta el duro trabajo que implica. El número ha de parecer natural. Mira a nuestro alrededor —observó Igor—. Este edificio es fantástico, un lugar mágico. No se parece a ningún otro de los que he visto hasta ahora. Para construirlo también se necesitó un montón de imaginación, como es natural, pero sin disciplina (la disciplina para aprender física y biomecánica, para insistir en emplear los mejores materiales y diseñarlo y construirlo correctamente) ¡habría sido un fracaso!

»Alex es uno de los acróbatas más talentosos que hemos tenido nunca —prosiguió Igor—, pero es la primera vez que trabaja en equipo. Y le cuesta entender que lo que hacemos en el Cirque du Soleil no es sólo atletismo, sino que además ¡queremos *artistas*! Es una importante diferencia que yo tardé mucho en comprender.

»En un espectáculo circense se puede hacer todo cuanto uno sea capaz de imaginar. Pero esta increíble libertad constituye tanto el problema como la solución, porque requiere pensar de distinta forma y esto no es fácil. Yo antes era un entrenador de gimnastas, por eso he tenido que aprender a transformar los elementos acrobáticos en elementos artísticos, no sólo para impresionar al público, sino para producirle también una respuesta más personal.

Yo recordé las poderosas emociones que había sentido al contemplar *KÀ* y comprendí que no había sido por casualidad, sino que este efecto formaba parte de lo que el Cirque du Soleil quería provocar en los espectadores.

—¿Cómo ayudas a los atletas a hacer la transición? —inquirí.

—¿Has entrenado alguna vez a alguien? —me preguntó Igor.

—Un poco —repuse—. Hace años, en el equipo de natación de la universidad. Y aunque había aprendido a nadar a la perfección, tardé mucho tiempo en aprender a transmitir lo que había aprendido a mi equipo.

—¡Exactamente! —exclamó Igor—. Al principio me costó entrenar a los artistas del circo, tuve que aprender una nueva forma de pensar. Yo sabía que era un buen entrenador, sobre todo por lo que había aprendido de otros entrenadores, pero en el circo tuve que aplicar mis habilidades como tal a unas actuaciones totalmente distintas. En realidad el reto es cambiar la mentalidad de los artistas con los que trabajo. Muchos de ellos fueron antes unos gimnastas competitivos. La gimnasia es básicamente un deporte individual. Los gimnastas nunca han de pensar de forma creativa ni formar parte de un verdadero equipo. Si han llegado hasta aquí ha sido gracias a su fuerte individualismo. Así que desde el inicio tenemos el reto de eliminar las fronteras entre el atletismo y una actuación artística, entre los individuos y el grupo. Debemos transformar a un individuo en el jugador de un equipo con el que todos los demás pueden contar, ya que sus vidas dependen literalmente de él y, al mismo tiempo, transformar a cada atleta en un artista que pueda hacer llorar a los espectadores de emoción sólo con su lenguaje corporal.

»La otra cosa que tuve que aprender —prosiguió— fue que esto es un negocio, un negocio sumamente complejo y caro. En los deportes olímpicos si no rindes al máximo, te recuperas y después vuelves. Pero esta compañía es una empresa privada que invierte una gran cantidad de dinero en cada espectáculo. Un solo fracaso, a la escala en la que estamos trabajando, sería sumamente perjudicial para la compañía. En este mundo puedes ganarte a lo largo de los años la suficiente credibilidad como para cometer uno o dos errores. Pero también has de dar algo. Y no puedes dar sin correr riesgos, tanto a nivel individual como de la compañía. Esto es esencial. Pero hay que aprender a correr los riesgos adecuados, los que te permitirán hacer realidad tu visión.

Corriendo riesgos

Mientras cruzaba con Diane el estudio dirigiéndonos hacia un grupo de nerviosos atletas, miré disimuladamente a Cari, que estaba de pie al final del grupo. Al verla recordé lo tensas, incómodas y embarazosas que pueden ser las pruebas, sobre todo si te encuentras entre unos completos desconocidos que están compitiendo para poder formar parte de un equipo.

—¡Intentad captar ahora qué es lo que quiero! —explicó la cazatalentos de acróbatas con un exagerado acento y una sonrisa traviesa. La mujer se llamaba Annie; Diane me contó que en el pasado había sido gimnasta, coreógrafa y entrenadora de un equipo nacional—. Tenéis que trepar por esta cuerda y cuando hayáis llegado hazta arriba ¡debéis cantar una canción! ¿Tenéis alguna pregunta?

Las dos docenas de candidatos se echaron a reír nerviosamente. Al final un joven con una camiseta de un club de gimnasia italiano le preguntó:

—¿Lo dices en serio?

Annie se puso de repente seria y se acercó lentamente hacia él, con los brazos en jarra.

—¿Tengo aspecto de estar bromeando? —le soltó. El joven la miró sorprendido—. No os dejéis engañar por mi alegre temperamento —dijo al grupo; sus componentes volvieron a echarse a reír nerviosamente—. No siempre soy tan cálida en mi forma de expresarme. ¿Quién quiere ser el primero? Y si... —añadió como si estuviera examinando el grupo— empieza *monsieur, allez-up!* —dijo al joven italiano, señalándolo.

Todo el mundo se echó a reír.

—¿Cómo te llamas? —le preguntó Annie al joven mientras él se preparaba para trepar por la cuerda.

—Giovanni —respondió él—. Pero mis amigos me llaman Gio.

—Entonces te llamaré Giovanni —dijo Annie.

—He estado compitiendo durante casi veinte años y en todo este tiempo nunca me han hecho trepar por una cuerda —se quejó el joven.

—Pues ahora —le respondió arrojándole la cuerda al pecho— tienes la oportunidad de hacerlo, ¿no es así? —el grupo se echó a reír de nuevo, aunque sin duda simpatizaba con el joven.

—¡Pero no sé cantar! —dijo Gio protestando.

—Sí, Giovanni, y yo no sé tocar la flauta. Pero si el Cirque du Soleil me pide que lo haga, ¡la toco!

Giovanni captó la indirecta y trepó por la cuerda. Al principio le costó, pero después de subir un poco, su atlético cuerpo se encargó de la situación y subió los seis metros que le faltaban rápidamente.

—¡Ahora canta, por favor!

—¡Pero si sólo sé canciones italianas!

—¡Tanto me da, aunque sea en sánscrito! ¡Canta!

El joven carraspeó y se puso a cantar a grito pelado una versión de *That's Amore,* para diversión del grupo que había a sus pies. Aunque la cantó mal, lo hizo en voz alta, con entusiasmo. Mientras Gio descendía por la cuerda, los otros le aplaudieron.

—No ha estado mal, Gio —dijo Annie escribiendo en el tabloncillo con la lista de candidatos unas puntuaciones al lado de su nombre. No has cantado de maravilla, pero tampoco lo has hecho mal.

—¿Por qué les hace cantar? —le pregunté en voz baja a Diane.

—La mayoría de ellos son atletas. Y tal como Igor nos ha explicado, están acostumbrados a seguir las reglas, a hacer lo que les dicen. Pero han de aprender a salir de su segura y cómoda rutina, para intentar hacer algo distinto y expresarse. Han de aprender a conectar con la gente de distinta manera. Para nosotros es la esencia de lo que nuestros espectáculos tratan: conectar con los demás. Debemos averiguar quiénes son capaces de hacerlo y quiénes no lo son.

Para mi sorpresa, Cari se ofreció a ser la siguiente. No sabía que fuera tan audaz. Y sin embargo allí estaba ella, trepando por la cuerda, al principio resbaló un poco, pero enseguida aprendió a coordinar los movimientos de brazos y piernas. Cuando acabó de subir por ella, con la tez roja por el esfuerzo, extendió uno de sus brazos en un exagerado ademán y se puso a cantar haciendo gorgoritos la canción de *Annie*. «¡El sol saldrá... mañana!» Desafinó mucho, pero esto sólo hizo que su interpretación fuera aún más divertida y dulce. El resto del grupo estaba sin duda de su parte, y lo demostró riendo y animándola.

—¡Gracias! —dijo ella al terminar la canción a los que la estaban aplaudiendo. Después descendió con cuidado por la cuerda. Al llegar al suelo, estaba radiante de alegría y mostraba una gran sonrisa. Me descubrí sintiéndome muy orgulloso de ella. Al echar un rápido vistazo por el estudio, comprobé que su sonrisa era contagiosa.

—Bueno —dije modestamente a Diane—, probablemente está más dotada para la gimnasia que para la canción.

—Tal vez —repuso Diane mirando aún a Cari con una sonrisa de aprecio—. Pero hay algo que es incluso más importante: tiene agallas. Y si una persona es lo suficientemente valiente y generosa, el resto podemos enseñárselo nosotros. Para mí la creatividad consiste sobre todo en ser valiente: en desear arriesgarte, probar cosas nuevas y compartir la experiencia con los demás. Y esta chica tiene la intrepidez que la creatividad requiere.

Al terminar mi estancia en Montreal, Diane se despidió de mí animándome a mantenerla informada de cómo me iban las cosas.

—Mantente en contacto conmigo —añadió mientras yo subía al taxi que iba a llevarme al aeropuerto—. Y no te olvides de llamarme si deseas volvernos a visitar.

4

El aprendiz

Dando un salto al vacío

Mientras esperaba en la estación del tren, hojeando distraído la sección deportiva del *Chicago Tribune*, sentí que empezaba a echar la clase de cabezadita típica de quienes viajan en un transporte público para ir al trabajo.

De pronto, al recordar el póster que había visto en las oficinas centrales del Cirque du Soleil, desapareció la somnolencia. En él aparecía la imagen de un hombre sentado en una silla muy parecida a la que yo me encontraba, vestido con un traje similar al mío, leyendo tranquilamente el periódico, tal como yo lo había estado leyendo momentos antes. La única diferencia era que aunque él estuviera leyendo detenidamente las noticias, su cuerpo estaba envuelto en llamas.

Ahora que estaba totalmente despierto, recordé por qué aquel póster colgaba, entre otros, en las paredes de las oficinas del Cirque du Soleil: para recordar a todos cuantos trabajaban en él la razón por la que estaban allí, el objetivo de su trabajo.

Se me ocurrió que en las últimas semanas lo único que no había olvidado era por qué Diane me había invitado al estreno de *KÀ*. De algún modo yo había conectado con ella. Diane al percibir la nube de hastío que estaba ensombreciendo mi vida, me había ofrecido una cuerda de salvamento: una oportunidad para volver a sentir la pasión y el misterio a mi alrededor. Mientras subía al tren y tomaba asiento, comprendí que había empezado a caer en la misma rutina de antes, avanzaba por la vida como un sonámbulo, con los ojos entreabiertos, a la deriva. ¿Por qué había elegido aquella profesión? Y lo que era más importante aún: ¿por qué había elegido vivir de ese modo?

Diane había intentado recordarme cómo era yo años atrás, *antes* de llevar aquel traje. Pero había pasado tanto tiempo que no sabía si podría siquiera recordarlo. Me acordé de una noche en que Mike y yo estábamos sentados en nuestro bar favorito, charlando de lo que íbamos a hacer después de licenciarnos. Mike sabía muy bien lo que quería, ya había conseguido un trabajo como maestro en Brooklyn, el barrio donde había crecido. Me había estado diciendo que quería dedicarse a la enseñanza desde que entramos en la universidad. Yo envidiaba su capacidad para saber lo que era más importante para él y perseguirlo sin apartarse un ápice de su objetivo.

En cambio yo no sabía exactamente qué era lo que quería hacer. ¡Había tantas cosas que me interesaban, tantos lugares a los que viajar y eran tantas las profesiones que me gustaban! Pero no tenía idea de cómo lograr que mis sueños se hicieran realidad.

«Frank —me había dicho Mike con una inusual franqueza—, necesitas encontrar algo que te importe lo suficiente como para construir tu vida alrededor de ello.»

Aquella noche decidí convertir mi pasión por la disciplina y la belleza de los deportes en una profesión y ayudar a los jóvenes atletas a establecerse profesionalmente. Mi trabajo como agente me permitiría ayudar a los atletas de talento a alcanzar sus sueños y, al mismo tiempo, trabajar en un campo que me llenaba de energía. Y eso fue lo que hice.

Pero el tiempo pasa y la pasión acaba extinguiéndose.

¿Podía volver a encender la llama de la pasión?

El tren se había detenido en mi estación. Mientras me levantaba y doblaba el periódico poniéndomelo bajo el brazo, mi mente vibraba de excitación por la idea que se me acababa de ocurrir. Era audaz y arriesgada. Tal como Igor había dejado claro, no puedes alcanzar nada importante si no te arriesgas, si no das un salto al vacío. Pero para hacerlo necesitas sobre todo tener una visión.

Al llegar al despacho llamé a la secretaria del presidente de nuestra compañía y le dije que deseaba verle.

—Frank, Alan está libre esta tarde —me respondió ella.

Un par de horas más tarde me encontraba ya ante el escritorio de Alan con las palmas sudorosas, esperando a que acabara de hablar con alguien por teléfono.

Después de intercambiar las cortesías de rigor, respiré hondo, estaba asustado por lo que iba a decirle a mi jefe. Alan me caía bien y me inspiraba respeto, pero no le había dejado entrever en lo más mínimo lo infeliz que me sentía con mi trabajo. La mayor parte de nuestra profesión consistía en mantener las apariencias, tanto ante nuestros clientes como ante nosotros mismos, pero esto comportaba un precio, en lugar de trabajar de veras para ayudarles, solíamos temer en exceso que se disgustaran —y llegar a perderlos— si les dábamos el consejo sincero que a menudo necesitaban oír. Y, además, Alan era conocido en la oficina por su mal genio. Entonces pensé en cómo Cari había trepado por la cuerda del estudio del Cirque du Soleil y se había puesto a cantar a grito pelado ante sus compañeros gimnastas. Si ella se había atrevido a arriesgarse, yo también podía hacerlo.

—Alan, el trabajo que hago ya no me llena. Me he dado cuenta de que es así hace ya un tiempo.

Para mi sorpresa, Alan no pareció asombrarse.

—En realidad, Frank, yo ya lo intuía. ¿Por qué no me lo dijiste antes?

—Supongo que hasta hace poco no lo había advertido —pensé en lo que había visto en Las Vegas y en Montreal, y decidí poner las cartas sobre la mesa. Le conté lo que había experimentado cuando había visitado el Cirque du Soleil y aquello que había descubierto que me faltaba en mi trabajo y en mi vida. Justo cuando creía que había acabado de contar todo cuanto alguien necesita decir para que le despidan, Alan me sorpendió al preguntarme tranquilamente:

—¿Y entonces qué es lo que quieres hacer, Frank?

Le expliqué mi plan. Deseaba tomarme un mes de descanso, durante este tiempo aceptaría la oferta de Diane de volver a visitar el Cirque du Soleil. Aprendería más cosas sobre su cultura y sobre cómo aplicar parte de su magia a mi propia vida. También aprovecharía el tiempo que pasase allí, le expliqué, para desempeñar un papel más importante en guiar la carrera de Cari, nuestra nueva clienta. Ella había superado la prueba del Cirque du Soleil y ahora estaba iniciando un riguroso programa de entrenamiento que ayudaría a los entrenadores del circo a evaluar cómo iba a encajar en la compañía.

—No estoy seguro de qué voy a aprender, pero tal vez se me ocurran nuevas formas de ayudar a los atletas que representamos —añadí.

Después de haber buscado todas las razones lógicas que se me ocurrieron para justificar mi petición, respiré hondo antes de ir al grano.

—Alan, sé que si no intento avivar la chispa que sentía al principio, no podré seguir desempeñando este trabajo por demasiado tiempo.

Él asintió con la cabeza reflexivamente.

—Frank, eres uno de nuestros mejores agentes desde hace unos doce años, ¿no es así? Si esto es lo que necesitas para volver a estar en plena forma, yo no voy a negártelo —repuso.

A continuación llamé a Diane para hablarle de mi propuesta y obtener, tal como yo esperaba, su aprobación.

—Creo que puedo aprender un montón de cosas del Cirque du Soleil que me permitirán traerte más clientes. Pero si he de serte sincero, Diane, no lo hago sólo por el efecto que esta clase de oportunidad tendrá en mi carrera. En pocos días tú y los otros componentes del circo me habéis cambiado la vida. Sólo puedo imaginar cuántas cosas me quedan aún por aprender sobre el trabajo en equipo, los riesgos, la pasión y el espíritu creativo. Supongo, Diane, que te estoy pidiendo (en realidad *te lo estoy suplicando*) si puedes guiarme en esta experiencia del Cirque du Soleil. No sólo por unos días, sino durante unas semanas, para observar cómo trabajáis y entrenáis, para comprender qué es lo que se siente al formar parte de esta familia. Tú ya me has abierto muchas puertas... sólo te pido que me abras algunas más.

Diane guardó silencio unos momentos. Durante esta pausa, que se me hizo eterna, se me cayó el alma a los pies.

¿Por qué había cometido tamaña locura? ¿Cómo se me había ocurrido pedirle algo parecido? Ya has echado los dados, pensé, veamos ahora cómo han caído.

—¡De acuerdo! —respondió ella por fin—. Pero quiero que sepas una cosa: yo no puedo ser tu guía. En el Cirque du Soleil, al igual que ocurre en la vida, tendrás muchos guías. Cada una de las personas que vienen a él, tanto si es para experimentar un espectáculo como para entrenarse y trabajar, vive su propio y único viaje. No existe una fórmula secreta para la creatividad. Yo no puedo decirte qué es lo que experimentarás o aprenderás en él. Y tu estancia en el Cirque du Soleil no será un picnic, ni unas vacaciones... y además tendrás que pagar los gastos de tu estancia. No basta con hablar con nuestros artistas y empleados.

—¿A qué te refieres? —le pregunté.

—Hasta ahora sólo has conocido por encima lo que hacemos aquí. Aún has de comprender el duro trabajo que requiere nuestro entrenamiento. Si piensas pasar un tiempo con nosotros, debes estar dispuesto a sumergirte por completo en la experiencia. En lugar de ser un simple espectador, tendrás que participar. Deberás pasar las mismas pruebas y soportar los mismos desafíos que nuestros artistas afrontan antes de convertirse en miembros del Cirque du Soleil.

Minutos más tarde ya habíamos acordado el modo de organizarlo. Yo me alojaría en la residencia de los artistas durante tres semanas y me sometería al entrenamiento del Cirque du Soleil siguiendo todos sus pasos, aunque de una forma resumida. Diane me dejó claro que era la primera vez que su compañía abría las puertas a alguien que no era un candidato en potencia para ser artista del Cirque du Soleil. Comprendí que ella estaba corriendo un riesgo mayor que yo al aceptarme y me sentí tan agradecido que ni siquiera encontré las palabras adecuadas para expresárselo. Era la oportunidad de mi vida. Pero lo que hacía que la experiencia fuera más gratificante si cabe era que acababa de aventurarme en una empresa que no sabía si tendría un final feliz. Las personas a las que les conté mi idea no la recibieron con satisfacción, sino con compasión. Cuando por fin intentas hacer realidad tus sueños, nunca sabes lo que va a ocurrir.

La polinización cruzada

Después de haber estado siguiendo un agotador programa de ejercicio físico durante un mes como preparación para mi entrenamiento, volví a Montreal para mi primera semana en el circo. Al llegar el domingo por la noche a la residencia de los artistas, Ann, la ayudante de Diane, me condujo a mi habitación y me aconsejó que me acostara temprano, ya que el siguiente día iba a estar muy ocupado.

Después de desempacar, descubrí una nevera llena de zumos de fruta recién exprimidos, una tarjeta de identificación del Cirque du Soleil y el programa para la semana que me esperaba. No reconocí ninguno de los nombres de los entrenadores, instructores o directores de la lista, pero me sorprendió la amplia variedad de personas con las que yo iba a tratar: desde directores creativos, hasta payasos. Tal como Diane me había prometido, también había una amedrentadora lista de actividades, incluyendo la de entrenar en el mismo trapecio *bungee* que había visto en mi primera visita. Pese a lo nervioso que estaba, me fui a la cama temprano siguiendo el consejo de Ann.

La mañana siguiente me desperté con la deslumbrante luz del sol brillando por la ventana salediza de mi habitación. Mi primera cita del día iba a ser con Bernard Lavallard, uno de los miembros más reconocidos del equipo de entrenadores del Cirque du Soleil.

Me encontré a las nueve con él en la cafetería. Era un hippie francocanadiense entrado en años. Bernard llevaba una boina y unas gafitas redondas como las que John Lennon puso de moda y una larga perilla canosa. Me contó que había sido gimnasta en la década de 1960.

—Mi especialidad eran las anillas y el potro. Yo era muy apasionado. Iba... ¿cómo se dice...? rapado al cero. Si hubieras visto una fotografía mía de aquella época, no creo que me hubieras reconocido. Por supuesto, ahora ya soy un viejo —añadió soltando una risita.

Si era un viejo, no lo parecía. Con su fuerte y flexible cuerpo, daba toda la sensación de poder realizar aún muchos de los ejercicios gimnásticos que había practicado cuarenta años atrás.

—Dejé el entrenamiento olímpico a finales de los años sesenta ¡para convertirme en un payaso! —dijo riéndose de sí mismo—. ¡Mi padre se puso echo una furia! Pero eso era lo que yo quería hacer. Era el espíritu de la época. Y cuando conocí a los fundadores del Cirque du Soleil, te estoy hablando de muchos años antes de que la compañía existiera oficialmente, ya eran como ahora, unas personas inconformistas, de mentalidad abierta. Pero también eran muy trabajadoras y disciplinadas, y tenían una visión. Querían crear algo especial, algo grande y nuevo. ¡Y su energía era contagiosa!

»El circo necesitaba un entrenador de gimnastas —me contó Bernard—, para que los números fueran más intensos, más excitantes y precisos. No queríamos ofrecer a los espectadores sólo unos ejercicios de suelo, sino ¡impactarlos! —añadió—. Y para conseguirlo, teníamos que hacer cosas que nadie más hubiera intentado.

Por suerte él y los otros fundadores compartían la misma visión, aunque no siempre coincidieran en cómo alcanzarla.

—¡Sí, podíamos discutir sobre casi todo! —observó sonriendo—. Sobre los disfraces que íbamos a usar, los atletas que íbamos a contratar, si debían girar hacia la derecha o hacia la izquierda, si debíamos usar una luz direccional o iluminar todo el escenario. Pero eso es lo que importa: hablábamos acerca de todo. Nuestra primera idea nunca era la última. Las ideas evolucionan y se combinan con otras, hasta que se vuelven más originales, más creativas. Y cuando conseguíamos plasmar aquello que queríamos, ya no nos acordábamos de quién había sido la idea. ¡No importaba!

Bernard me contó que al principio los creadores se dedicaron a estudiar las actuaciones de otros circos. Y que más tarde pidieron a los artistas que hicieran lo mismo. Y con el paso del tiempo, todos los miembros del Cirque du Soleil acabaron inspirándose en todas las clases de influencias exteriores posibles, de casi cualquier campo: pintura, cine, música..., para citar sólo algunos. Esta clase de polinización cruzada —me explicó— era uno de los secretos del extraordinario frescor y vitalidad del Cirque du Soleil.

—No puedo decirte cómo funciona la mente —me dijo Bernard—. ¡Ni siquiera cómo funciona la mía! Después de todos esos años, de todos esos espectáculos, aún no sé de dónde surgieron las ideas. Algunas veces me vienen a la cabeza en los momentos más impensables, ¡como si se materializaran de la nada! Y otras no tienen ninguna relación, como aquella vez que me desperté a las cuatro de la madrugada con una nueva idea para un número acrobático, inspirada en una banda brasileña que había visto la noche anterior.

Yo sabía que muchos grandes artistas se habían inspirado en ideas y situaciones que no tenían nada que ver con el campo que habían elegido. Y me sorprendí al descubrir lo mucho que me había aislado en mi vida, hasta qué extremo me había desconectado de los intereses del mundo exterior que habrían ensanchado mi mente.

—¿Cómo llegas a convertir las ideas fortuitas en un número? —le pregunté

—¡Gracias a las fechas tope! —me respondió riendo—. Siempre llegan demasiado deprisa, pero sin ellas la mente no se concentraría. A tu aterrada mente se le ocurren entonces las ideas más descabelladas que de otro modo no habría tenido. Si sólo dispones de dos días para diseñar la transición de un número en el trapecio a uno en el trampolín, ¡se te acaba ocurriendo algo!

—La mayoría de la gente odia las fechas tope —observé—. No se me había ocurrido que las limitaciones pudieran ser positivas. ¿Cuáles son los peores obstáculos para ti?

—¡El papeleo! —exclamó blandiendo el puño en el aire con un falso enojo—. Es el mayor obstáculo para nosotros. Estamos creciendo tan deprisa que siempre parecemos necesitar unas nuevas reglas, unos nuevos trámites... Hay que tener en cuenta que en nuestra compañía trabajan ahora tres mil personas. Pero también hemos de tener mucho cuidado. Cada nueva serie de gestiones, cada nueva regla o impreso son un estorbo. Destruyen la magia, cortan la electricidad de la inspiración. Si hay demasiadas restricciones, dejas de pensar en lo que puedes hacer y te pones a pensar en lo que no puedes hacer.

»Picaso no pidió permiso al gobierno antes de empezar a pintar el *Guernica* —añadió Bernard.

A través de los ojos de los espectadores

Después de despedirme de Bernard, pensé en lo que me había dicho. En el constante compartir de ideas. En cómo sus primeras ideas no eran nunca las últimas. En la importancia de las fechas tope. Y en algo que tenía mucho que ver conmigo: el peligro del papeleo. En los últimos años habíamos perdido algunos clientes importantes por culpa de una famosa nueva agencia que parecía siempre llevarnos la delantera. ¿Actuábamos con demasiada lentitud? ¿Tal vez reducir las fechas límite nos haría tener unas ideas más frescas? ¿Acaso nos habíamos vuelto demasiado rígidos, estábamos demasiado liados en el papeleo como para romper con los mismos viejos moldes de siempre?

Con mi programa como guía, me dirigí hacia la serie de escaleras que llevaban al cubículo de Charina, una de las directoras artísticas del Cirque du Soleil.

—¡Perdona por el desorden que hay en mi despacho! —exclamó una mujer española de piel aceitunada y pelo lacio color azabache apartando las pilas de dibujos, fotos de revistas y proyectos para hacer un hueco en la mesa—. Estamos creando un nuevo espéctaculo. ¡A veces es un proceso muy caótico!

Aunque su edad rondaba el último tramo de la treintena o principios de la cuarentena, irradiaba la energía de una adolescente. Como directora artística de dos espectáculos, uno de sus mayores retos era hacer que los artistas se mantuvieran vivos artísticamente, me contó.

—Uno de los espectáculos en los que trabajé era una producción itinerante que se realizaba en la misma ciudad seis días a la semana durante un par de meses y después se trasladaba a la siguiente ciudad. El otro fue un espectáculo fijo: se hacían diez espectáculos a la semana, ¡dos por noche! En cualquiera de los espectáculos, el problema con el que siempre me encuentro es el de cómo hacer que los artistas sigan actuando con frescor, aunque hayan estado representando el mismo espectáculo un millar de veces.

—¿Cómo lo consigues? —le pregunté. Sin duda lo que los artistas del Cirque du Soleil hacían era infinitamente más agotador que mi trabajo, pero imaginé que incluso en el suyo había el peligro de caer en la rutina.

—Sobre todo trabajando tan duramente como yo espero que ellos hagan —dijo Charina—. No puedo engañarles. Conozco a un director que sólo acudía a los camerinos cuando el espectáculo había terminado para decir: «¡Habéis hecho un magnífico trabajo!» Pero los artistas sabían que él no había estado allí esa noche y que sólo se asomaba por la parte trasera del teatro durante los últimos cinco minutos del espectáculo. Tal vez parezca un hecho sin importancia, pero para los artistas tenía mucha. Por eso dejaron de creer en él y de escucharle cuando les decía que debían trabajar más y poner más dedicación. Créeme: en este negocio, y en cualquier otro, es muy inusual que los empleados trabajen más que el propio jefe. Por eso mi primera decisión fue acudir a cada espectáculo. ¡Si ellos tenían que estar allí, yo también!

Asentí con la cabeza; una de las razones por las que había durado tanto tiempo en mi trabajo después de perder el interés por él era Alan, nuestro presidente. Trabajaba muchas más horas que cualquiera de nosotros y seguía mostrando una pasión por nuestro negocio que a mí me costaba igualar. Pero aunque su entusiasmo me hubiera estado estimulando a seguir adelante, nunca pregunté cómo había yo de infundírselo a los demás.

—Lo segundo que hice fue decirles después de cada espectáculo pequeñas cosas que había advertido: qué era lo que había o no había funcionado, cómo estaba yendo todo. Así sabían que me fijaba en su trabajo y que éste importaba. Y además aprendí a no hacer sólo observaciones negativas, porque si no al cabo de un tiempo siempre que les haces alguna obervación, se limitan a refunfuñar. Por eso también es importante ser positivo.

»Pero lo mejor que hice —continuó— fue ayudarles a ver su trabajo a través de los ojos de los espectadores. Cuando alguien no podía participar aquella noche en el espectáculo, porque se había lesionado o necesitaba tener una noche libre, le regalaba una entrada para la representación, de este modo podía ver lo que el público contemplaba cada noche. Me sorprendí al descubrir que la mayoría de ellos nunca habían visto su propio espectáculo desde las butacas. Algunos ni siquiera lo habían visto por completo, aunque fuera desde los bastidores.

»Presenciar un espectáculo desde las butacas les permite ver lo bello que es —prosiguió—. Se sientan junto a una mujer que lo está presenciando por primera vez y comprenden por qué ¡se pone a llorar de emoción al terminar el espectáculo! Por fin ven el producto que tanto esfuerzo les ha costado, por el que han debido sudar, entrenar y ensayar tanto. Antes sólo se concentraban en su actuación, en su papel. No se daban cuenta de que es el conjunto, el espectáculo en sí, con todo cuanto lo integra, lo que es tan evocador. Después de pasar una noche junto al público, los artistas se transforman.

»Lo mismo ocurre aquí, en Montreal —añadió Charina—. Si los cocineros, los administradores y los recepcionistas no van a ver un ensayo de vez en cuando, se olvidan del producto para el que están trabajando. Pierden el contacto con él. Y yo creo que esta pérdida es fatal en un ambiente tan creativo como éste. Entonces se convierte en un trabajo como cualquier otro. Tal vez no seas más que un contable, pero eres un contable del Cirque du Soleil. ¡Tanto tú como el trabajo que haces sois especiales!

No me resultó difícil imaginar cómo sus ideas podían aplicarse a casi cualquier clase de negocio. Si no entiendes el papel que desempeñas, ¿cómo puede apasionarte lo que estás haciendo?

La perfección

Mi siguiente cita fue en el estudio donde los artistas entrenaban, el lugar en el que yo pronto estaría aprendiendo el arte del trapecio *bungee*. Pero antes de que me dejaran probar intentarlo, tuve que pasar algunas pruebas físicas básicas.

Ya había visitado antes el estudio, pero esta vez no lo hacía en calidad de espectador, sino de participante. Me sentía un poco nervioso, igual que Cari debió de sentirse el día de su audición.

Después de ponerme el chándal entré al estudio para echar un vistazo. Por encima de mí vi una serie de enormes pelotas de plástico de vistosos colores guardadas en una red que pendía de las vigas del techo; una cuerda colgaba hasta el suelo. Entonces fue cuando vi frente a mí, junto a una cinta de correr, a un hombre de pie sosteniendo una tablilla con un sujetapapeles.

Ivan Mikhailov, como más tarde me enteré que se llamaba, era especialista en nutrición y fisiología, y lo inspeccionaba todo, hasta el menor detalle, con una expresión docta y una barba freudiana. Mi entrenamiento, me contó, empezaría con una prueba cardiovascular. Debía correr durante dieciocho minutos en la cinta. No parecía una prueba demasiado difícil. Empecé sin embargo a sentir cierta aprensión cuando Ivan se dispuso a aplicarme unos sensores en el pecho para medir mi ritmo cardíaco.

Activó la cinta poniéndola a un ritmo muy tranquilo y no tuve ningún problema para seguirlo. Mi pulso se mantuvo a cincuenta y ocho pulsaciones por minuto. «Muy bien», me dijo, mirando el monitor. Pero al cabo de tres minutos aumentó la velocidad de la cinta y la pendiente. Cuando hacía nueve minutos que estaba en ella, mis piernas y pulmones empezaron a sentir el esfuerzo.

Durante los seis minutos siguientes Ivan aumentó la velocidad y la pendiente en repetidas ocasiones llevándome hasta el límite. Mi pulso se aceleró hasta llegar a las ciento sesenta y seis pulsaciones por minuto y sentí como si el corazón me estuviera ardiendo. Por más deprisa que respirara, no conseguía aspirar suficiente aire. Apenas podía mantener la velocidad de la cinta, estaba a punto de desfallecer. Al percibir mi agotamiento Ivan puso su mano izquierda sobre mis lumbares para asegurarse de que no saliera disparado de la cinta y fuese a parar a las maquinas de entrenamiento que había a mis espaldas.

—Sólo te faltan noventa segundos más, Frank —dijo Ivan haciendo una excepción para darme ánimos. Si las conversaciones tan increíblemente sinceras que había mantenido por la mañana sobre inculcar una cultura creativa habían hecho que mi mente se abriera a nuevas ideas, la intensidad de la cinta estaba de algún modo arrancando las capas de mi personalidad. Ya no me importaba el aspecto que yo ofrecía o lo que Ivan o cualquier otra persona pensaran. Sólo me moría de ganas de superar la prueba, de que terminara. Ya no me quedaban fuerzas, pero estaba tan cerca de lograrlo que no pensaba rendirme.

—Tres... dos... uno... ¡Ya está! Sujétate a los mangos mientras la cinta se va deteniendo. —Tal vez no hubiera batido ningún récord, pero conseguí pasar la primera prueba.

Aunque no pude decir lo mismo de los ejercicios siguientes. En la barra fija, al adherirme a la estricta forma que todos los artistas del Cirque du Soleil debían seguir, sólo logré elevarme a media altura, justo lo suficiente para que mis pies se despegaran del suelo. En la prueba de la cuerda me fue incluso peor. La sujeté e intenté trepar una y otra vez, hasta que levanté la vista y descubrí que el techo seguía estando en el mismo lugar.

—¡Bien! —dijo Ivan— ya veo que la cuerda no es lo tuyo.

Como si saliera a escena en el momento justo, Olga, una acróbata rusa de dieciocho años y pelo negro, saltó a la cuerda y utilizando sólo las manos, con las piernas extendidas en una perfecta uve paralela al suelo, fue trepando por ella y después descendió muy lentamente, usando sólo una mano cada vez. Me dio una lección de humildad, me sentí como si fuera el último niño al que habían elegido para jugar un partido de *kickball.*

—Había planeado algunas otras pruebas para ti, pero creo que ya has tenido suficiente por hoy —dijo Ivan.

Recogí mis cosas y lo que quedaba de mi dignidad, y me dirigí hacia las duchas.

—¡Ah, ah! —exclamó Ivan—, no tienes tiempo para ducharte. Diane me ha dicho que tienes una cita con René. Ve a la malla metálica.

Yo no estaba seguro de que me gustara oír estas palabras.

Tomé el ascensor para ir al sexto piso, René ya me estaba esperando. Iba peinado con una cola de caballo y llevaba una camiseta negra, unos tejanos del mismo color y botas con puntera de acero.

—Frank, ¿estás listo?

Sólo pude responderle asintiendo con la cabeza, aún estaba sin aliento por mi vergonzoso intento de trepar por la cuerda.

René me indicó «¡Por aquí!» y yo le seguí por un pasillo que llevaba a una malla formada por cables muy tensados, entre los cuales había sólo un espacio de diez centímetros. Al subirme a la malla con mucho tiento, se hundió un poco. Nos hallábamos a una altura equivalente a seis pisos y al mirar hacia abajo vi un suelo muy grande y duro salpicado de personas que desde aquella altitud parecían muñequitos de juguete con sus accesorios.

—¡Espero que no tengas vértigo!

—No —respondí sonriéndole. Y era cierto. En general las alturas no me intimidan—. ¡Pero sí me da miedo morir de manera prematura y desagradable! —exclamé.

—¡Oh, no tienes por qué preocuparte! —dijo pegando

varios botes en la malla y haciéndome rebotar un poco—. Ves, es totalmente seguro, créeme.

No puedo decir que después de esta demostración me sintiera más tranquilo. Sin embargo, al cabo de poco ya había caído en la agradable rutina de escuchar a René.

—La mayoría de los montadores aprendimos a realizar tareas relacionadas con la construcción, la soldadura o algún otro oficio antes de meternos en esta clase de trabajo —me explicó—. Un nuevo empleado tarda un poco en aprender cómo funciona un circo, sobre todo si se trata del Cirque du Soleil. Esperamos que los trabajadores a los que contratamos tengan ciertas habilidades, pero lo que sobre todo han de desarrollar es una determinada forma de pensar. Si uno sólo es un gran soldador, no dura demasiado aquí. No buscamos a alguien que sólo sepa de construcción, sino que además ha de tener una sensibilidad artística que le permita crear artefactos que se integren perfectamente en el espectáculo.

—¿Te refieres a que tiene que haber un equilibrio entre la seguridad y el elemento artístico?

—¡No! ¡No! —exclamó—. Precisamente ésa es la idea falsa más común sobre lo que hacemos. La seguridad debe ser perfecta, al igual que el aspecto del escenario. Los artistas tienen que estar seguros al cien por cien, todo el tiempo, y la estética del escenario también debe ser perfecta al cien por cien. Ésta es la parte más difícil. Lo que nos obliga a ser creativos: ¡la perfección!

»¡Mira! —me dijo extendiendo el brazo para señalarme la actividad que se veía a nuestros pies, desde una altura de dieciocho metros—. Si nos dijeran "sólo tenéis que ser artísticos", ¡sería muy fácil! Dejaríamos que nuestros artistas volaran por el escenario sin tomar precauciones y que salieran disparados de los cañones, sería muy divertido, hasta que alguien se lastimara... o le pasara algo todavía peor. Y si nos dijeran "sólo tenéis que ocuparos de las medidas de seguridad", ¡eso también sería muy fácil! Haríamos que todos los artistas llevaran arneses muy ajustados y cascos, y nunca les permitiríamos abandonar el suelo. ¡Pero entonces el espectáculo no sería demasiado ameno! Así que ésta es la parte más difícil: los artistas del Cirque du Soleil deben ser capaces de realizar los números más increíbles del mundo sin correr nunca ningún peligro. Lo cual nos obliga a ser creativos, a encontrar nuevas formas de hacer que ambos aspectos sean perfectos.

»Y esta contradicción es la que me inspira —prosiguió René—. Por ejemplo, en O, el espectáculo acuático de Las Vegas, hay un tanque con cinco millones y medio de litros de agua que se mueve y cambia de forma constantemente. Por encima del tanque tuvimos que construir unos aparatos para que los artistas pudieran balancearse y lanzarse por el aire, casi como un gimnasio atiborrado de paralelas y trapecios, ¡sólo que se encontraba en medio del aire a dieciocho metros de altura! Pero no podíamos limitarnos a crear una estructura de metal burda y pesada. ¡El público la habría odiado! Por eso tuvimos que ponernos manos a la obra.

»Nuestra idea era: todo ha de quedar integrado en el espectáculo y *nada* es imposible. Tenía que ser una estructura muy liviana (usamos quince metales distintos para construirla) y muy fuerte al mismo tiempo, para sostener sin ningún problema a una docena de artistas impulsándose con todas sus fuerzas sobre ella. Y también tenía que armonizar con la naturaleza acuática del espectáculo y ser bella sin eclipsar a los artistas. Probamos un montón de distintas ideas hasta que se nos ocurrió la que mejor funcionaba. Hicimos que la estructura ofreciera el aspecto y la sensación de ser un barco en el cielo que incluso se mecía hacia delante y hacia atrás cuando los artistas se balanceaban en ella. Había que combinar a la perfección la parte mecánica con la estética, para que además de un artilugio fuera también un ambiente que inspirara a los artistas.

—No me había dado cuenta —dije abriendo por fin la boca— del enorme trabajo que requieren los aparatos que diseñáis.

—¡Me alegro!— respondió—. No queremos ser las estrellas del espectáculo, sino que personas como tú *disfruten* de él. Si no te has dado cuenta de que nos llevó dos años colgar a la perfección estos aparatos de tres millones de dólares por encima de tu cabeza, significa ¡que hemos hecho un buen trabajo!

»Lo que hacemos es como esto —añadió arrodillándose en la malla metálica y agarrando dos de los cables sobre los que estábamos—. Hay que tener en cuenta la seguridad por un lado —dijo empujando uno de ellos hacia el interior para que el cuadrado que formaba se redujera un poco— y el elemento artístico por otro —dijo empujando el otro cable paralelo al primero—. Y al mismo tiempo, el equipo ha de quedar integrado en el número —observó empujando el tercer cable del cuadrado— y hacerlo de tal modo que no se note demasiado —añadió empujando el cuarto—. Con lo cual te queda un objetivo mucho más limitado, así que debes encontrar nuevas formas de hacer estas cuatro cosas a la perfección.

Al manipular René los cables de la malla metálica, ahora estaba rodeado, justo a dos o tres palmos de distancia, por los grandes espacios creados alrededor del pequeño cuadrado que él había formado.

—Yo no... no sabía que estos cables pudieran separarse tanto —observé agarrándome de un cable metálico vertical con la mano derecha.

—¡Oh, sí, Frank, mira esto! —dijo ensanchando el pequeño cuadrado de la malla metálica hasta convertirlo en un agujero de más de un metro cuadrado, lo suficientemente ancho como para que yo pudiera caer por él y matarme del impacto—. De hecho, los cables de la malla pueden separarse casi dos metros, de este modo podemos subir grandes objetos del suelo a la malla y luego volverlos a bajar. Es otro buen ejemplo de crear algo nuevo. Este «suelo» de cables es lo suficientemente fuerte como para sostener veinte toneladas de material y, sin embargo, es muy ligero. ¡Y es increíblemente flexible! —añadió al tiempo que me lo demostraba moviendo el cuerpo sin despegar los pies del suelo para hacer que la malla metálica subiera y bajara como un muelle. Me agarré al cable vertical con ambas manos.

—Así es, Frank, créeme, este suelo metálico es totalmente seguro. Puede sostenerte sin ningún problema. Si está calculado para que aparquemos un coche encima, ¡también puede sostenerte a ti!

»Quizás ha llegado el momento de mostrarte el lugar —añadió cruzando la malla para dirigirse al ascensor—. Tenemos una gran libertad para proyectar casi cualquier cosa que se nos ocurra —prosiguió—, pero también una gran responsabilidad. No necesitan decirnos que nos preocupemos por la seguridad de los empleados porque sabemos, al ofrecer el Cirque du Soleil once espectáculos por todo el mundo, que las vidas de los artistas dependen de nuestro trabajo durante las veinticuatro horas del día, los siete días de la semana. No es una responsabilidad que pueda tomarse a la ligera. No podemos permitirnos que les ocurra ningún accidente. Nunca.

—Con setecientos artistas en el aire casi cada día —dije, caminando detrás de Frank por la elástica malla metálica— debe de haber algún incidente de vez en cuando, ¿no es así?

—Sí —respondió—. De forma esporádica. Pero raramente ocurre. A veces los artistas se lesionan porque son atletas que realizan difíciles movimientos acrobáticos a diario. Pero no puede ser a causa de nuestro trabajo. Si se produce un accidente, y hemos tenido algunos, aunque han sido muy pocos, emprendemos enseguida una investigación exhaustiva. Por el momento sólo han sido atribuibles a errores humanos, como un arnés sin abrochar o un error en la actuación, en muy pocas ocasiones se debe a un fallo del equipo.

—O sea que no es por vuestra culpa —observé.

—¡Te equivocas! —exclamó René—. Sigue siendo por nuestra culpa, porque significa que no hemos diseñado el material con la suficiente sencillez, o que no hemos entrenado al artista lo suficientemente bien, o que no hemos insistido lo bastante en la importancia de comprobar dos veces si se han abrochado bien los arneses de seguridad. No podemos permitirnos echar la culpa a los artistas. Sería demasiado fácil y haría que nos volviéramos descuidados, al saber que podemos culpar a cualquier otro. Si algo sale mal, significa que quizá no hemos diseñado el equipo correcto para los artistas.

»Como aquello que creamos ha de quedar integrado en el trabajo de los directores, los artistas y los encargados de la iluminación, también somos responsables de las representaciones. Trabajamos en un negocio en el que la gente se juega la vida. No podemos simplemente decir que es la responsabilidad de otro departamento. Cuando diseñamos el equipo, no hemos de olvidar que ni siquiera los acróbatas de primera categoría mundial son técnicos, por eso el equipo ha de ser sencillo y fácil de usar. Y para ello hemos de conocer a los artistas que lo utilizarán y la psicología que comporta el proceso.

—¿Cómo puedes estar seguro de que todo funciona correctamente?

—En cada espectáculo siempre hay montadores observando, probando y verificándolo todo dos veces. Si somos responsables de la seguridad, hemos de estar allí. Todavía sigo subiéndome al barco suspendido en el aire de *O*, al columpio ruso de *Saltimbanco* y a las plataformas mecánicas giratorias de *KÀ*. Hemos de encontrar formas creativas para verificar nuestros sistemas, para asegurarnos de que no haya ningún fallo. Pero una de las cosas más importantes que tenemos son nuestros sentidos: la vista, el oído y el instinto.

»Has visto *KÀ*, ¿verdad? —me preguntó.

—Sí, es el único espectáculo que he visto en directo —respondí—. ¡Me impresionó muchísimo!

—¡Estupendo! Así debía ser. ¿Te acuerdas de la tienda en la cima del precipicio que se transformaba en un ave mecánica?

—¡Cómo podía olvidarla! —dije—. Fue una de las escenas más inspiradoras de la noche.

René sonrió. No era un hombre con un gran ego, pero era patente que se enorgullecía de su trabajo.

—Pues bien, cuando estuve allí hace algunos meses, mientras estábamos haciendo volar el ave mecánica durante un ensayo, a dieciocho metros de altura por encima del escenario, aunque la música sonaba, oí un pequeño crujido. Al avisar a los demás, me dijeron: «Pero ¿qué dices? ¡Nosotros no hemos oído nada!» Pero yo confié en mi instinto. Hice que pararan todo y que descendieran el ave al escenario. La habíamos construido con mucho cuidado con acero y nailon. Yo sabía que cuando funcionaba bien vibraba de una determinada forma. Pero en aquella ocasión noté que no sonaba como siempre. Normalmente, cuando algún mecanismo falla y está a punto de averiarse, suena y vibra de distinta manera.

»Después de hacer bajar el ave al escenario, envié a otro montador al techo para que verificara el mecanismo (la polea derecha) y, por supuesto, descubrió que estaba a punto de romperse.

»No di con el fallo que iba a producirse gracias a mis conocimientos técnicos, sino a mi instinto. Si te limitas a controlarlo todo siguiendo los procedimientos de rigor, se te pasarán por alto muchas cosas. Los montadores no somos tan creativos como los directores y los diseñadores, pero si no aplicamos un poco de imaginación a nuestro trabajo, si nos comportamos como robots, estaremos poniendo en peligro la seguridad de nuestros artistas. Y, por suerte, en el Cirque du Soleil ¡nos permiten ser imaginativos! Cuando diseñé aquella ave, nadie me dijo que mi visión era errónea. Ni que mis ideas eran descabelladas. Me dieron una total libertad para construir algo que yo creía que podía funcionar. Y aquel día, cuando llegó el momento de reparar el artilugio, nadie puso en duda mi autoridad impidiéndome detener el ensayo.

La responsabilidad con la que René cargaba me parecía abrumadora. Si yo cometía un error en mi trabajo, quizás unos pocos abogados se irritarían ligeramente, pero nadie se lesionaría ni perdería la vida por mi culpa. Ahora veía lo importante que es confiar en tu instinto a veces, hagas lo que hagas. Tal como René me hizo ver, no somos robots. Cuando caemos en la rutina, ya no ponemos todos los sentidos ni toda la atención en lo que estamos haciendo, y ni siquiera escuchamos nuestro instinto. Y, sin embargo, estas cualidades son precisamente las que debemos manifestar, sobre todo cuando se han fortalecido a través de años de experiencia.

Varios meses atrás había intentado convencer a uno de mis clientes, una joven estrella de baloncesto, que jugara un partido en un equipo formado por distintos famosos, una exhibición sumamente bien pagada promocionada por una cadena de televisión, en lugar de participar como voluntario en unas colonias de verano para niños desfavorecidos a las que él había ido de pequeño. «Piensa en cuántas cosas podrás hacer con el dinero que te darán por una semana de trabajo —le dije—. Con lo que ganes podrías incluso construir diez casas de colonias para esos niños.» Sin embargo, aunque estuviera intentando convencerme tanto a mí como a él con mis palabras, en el fondo de mi corazón sabía que sólo estaba pensando en la jugosa comisión que iban a darme. Hice oídos sordos a la vocecita interior que me decía que estaba actuando incorrectamente. Al final no logré engañar a ninguno de los dos y nunca olvidaré lo que aquel joven me dijo: «No dudo de que usted piensa así. Pero es una suerte que yo no piense como usted», y después salió de mi oficina. Al día siguiente nos dejó para que le representara una agencia que es nuestra mayor rival. Yo había abusado de su confianza y él lo sabía. En el trabajo de René esta clase de fallos no podían tolerarse.

—¿Cómo puedes dormir por la noche con tamaña responsabilidad a tus espaldas? —le pregunté.

—Mientras realice bien mi trabajo y mi gente haga también lo mismo —observó—, dormiré sin ningún problema—. Y para relajarme practico vuelo en parapente.

—¡Parapente! —exclamé con incredulidad—. ¿Cómo puedes relajarte haciendo esta clase de deporte?

—Pues es muy sencillo —respondió—. Si me dedicara a jugar a cartas, me pondría a pensar en cada tuerca y tornillo que hubiéramos enroscado ese día en el trabajo. Pero cuando me lanzo desde la cúspide de un precipicio de tres mil metros de altura, no puedo pensar en nada más, ¿no crees? El mundo que se extiende a mis pies desaparece de mi vista.

El miedo al éxito

Después de despedirme de René, me dirigí a la habitación de las taquillas pensando aún en todas las cosas que había aprendido a lo largo del día. Me alegraba saber que mi siguiente cita implicaba ejercicio físico, necesitaba hacer cualquier actividad que me ayudara a olvidar algunas de las cosas que había hecho en el trabajo y que ya no pensaba volver a hacer. René tenía razón: las actividades físicas, incluso los deportes de riesgo, van de maravilla tanto para la mente como para el cuerpo. En la universidad solía ir a nadar siempre que algo me preocupaba. Pero después de licenciarme, sólo hice algunos poco entusiastas intentos de volver a la piscina. Sin la excitación de la competición, ya no era lo mismo. Durante el mes en que había estado preparándome para mi estancia en el Cirque du Soleil, volví a acordarme de lo fresco y renovado que me sentía después de una buena sesión de ejercicio físico.

Al llegar a las taquillas, vi que había una percha con mi nombre. Luego me di cuenta de lo que colgaba de ella: un *body* de *lycra* con un patrón de arlequín en el torso. ¿Cómo iba a meter mi ya madurito cuerpo en él?

Tras forcejear tirando de la tela y ensanchándola durante unos momentos, logré ponérmelo. Me dirigí al estudio sintiéndome de lo más ridículo con aquella indumentaria, y me encontré con mi instructora de trapecio *bungee,* la vivaz Tatiana.

Sus mallas negras de fibra de poliuretano y su *top* sin mangas azul y blanco tipo *batik* mostraban lo suficiente de sus abdominales como para que yo intuyera que posiblemente iba a volver a hacer el ridículo.

—¡Hola, Frank! —me dijo esbozando una luminosa sonrisa de cien vatios. Fue directa al grano—. El cincuenta por ciento de los que lo intentan no logran alcanzar la barra —observó señalando un trapecio blanco colgado del enrejado del techo que yo acababa de pisar con René—. Y sólo un veinte por ciento consigue agarrarla y sentarse en ella. ¿Crees que podrás alcanzarla?

—¡Ah, ningún problema! —exclamé emanando la misma confianza de un adolescente de catorce años que pide por primera vez a una chica si quiere salir con él.

—Pues, ¡manos a la obra! ¡Venga, Frank!

Seguí a Tatiana hasta una sala de entrenamiento contigua, donde un trapecio de metal de mayores dimensiones colgaba sólo a unos dos metros y medio del suelo.

—Ahora agarrárrate de la barra.

Yo no estaba tan seguro de poder hacerlo pues sólo mido metro setenta. Pero Tatiana estaba plantada frente a mí, con los brazos en jarra, mirándome expectante. ¿Quién hubiera querido fallarle? Me agaché, salté tan alto como me fue posible y conseguí agarrarme de la barra por los pelos. ¡Una pequeña victoria!

—¡Muy bien! —dijo—. Ahora que has agarrado el trapecio, has de balancearte hacia delante y hacia atrás con las piernas y después apoyar tu pie más fuerte en la barra. Cuando hayas apoyado el pie en ella, estarás preparado. A partir de este movimiento, sólo necesitas pasar ambas piernas por encima de la barra, agarrarla detrás de las rodillas, asir las cuerdas e impulsarte hacia arriba para ponerte derecho —con una pequeña ayuda de Tatiana, logré subirme al trapecio y una vez sentado en él, me puse a contemplar el suelo a pocos metros de mis pies—. ¡Está bien, ya es suficiente! —observó—. Quiero que reserves la fuerza de tus brazos para lo más importante —tal vez Ivan le había comentado mi floja actuación en la cuerda, pensé.

Mientras nos dirigíamos al estudio principal, levanté la vista y advertí que el trapecio de pronto parecía mucho más alto y pequeño que unos minutos atrás. René me estaba esperando para atarme el arnés de seguridad. Me ajustó el cinturón uno o dos puntos más de lo que me hubiera gustado, comprimiendo los kilitos que me sobraban. Después de las sesiones de calentamiento, había ya abandonado cualquier ilusión de vanidad. Llegué a la conclusión de que cuando deseas soltarte y dar lo mejor de ti has de desprenderte de tus inhibiciones.

Después, utilizando unos mosquetones de fabricación especial, engancharon cuatro o cinco larguísimas cuerdas elásticas a cada lado del arnés —de hecho eran *bungees*— y empezaron a elevarme en medio del aire mediante otra cuerda sujeta a una polea.

—¡*Bon voyage,* François! —me dijo René. Mientras yo iba ascendiendo unos ocho metros, una distancia que no parece demasiado importante hasta que te descubres suspendido desde tamaña altura sin nada entre tú y el suelo. Advertí que los artistas que estaban ensayando se habían detenido para mirarme. Pero cuanto más subía, más pequeños se volvían todos, y antes de poder darme cuenta de mi embarazosa situación, ya estaban demasiado lejos como para preocuparme por ellos.

—Ahora, Frank —me gritó Tatiana con un enérgico tono de voz—, ¡empieza a pegar botes para alcanzar la altura del trapecio! Tira de las cuerdas elásticas al tiempo que te llevas las rodillas al pecho. ¡Eso es! —exclamó mientras yo me ponía a botar elevándome a un metro y luego a dos y a tres de altura, hasta que la sensación de ingravidez fue aumentando y, con ella, la extraña sensación de no estar conectado a nada, de estar flotando y volando en medio del aire. Me agarraba con las manos con tanta fuerza a las cuerdas elásticas que los nudillos se me pusieron blancos. Cuando al aumentar el «alcance» del impulso que estaba adquiriendo llegué a recorrer cinco y luego seis metros, comprendí que estaba acercándome peligrosamente al suelo que había a mis pies y volando increíblemente cerca del trapecio que había en lo alto.

Hasta ese momento nunca había podido apreciar lo que significaba el «miedo al éxito». Cuanto más me acercaba al trapecio, más consciente era de que lo siguiente que Tatiana me pediría sería que me soltara de las cuerdas elásticas para agarrarme a la barra; se me revolvía el estómago sólo de pensar en ello.

—¡Has de dar tres buenos botes más, Frank, y ya será tuyo!

No me atreví a mirar ni hacia arriba ni hacia abajo, me contentaba con mirar sólo al frente. En el fondo sabía que me estaba acercando al trapecio, pero me daba miedo descubrirlo.

—¡Ahora, Frank, ahora! ¡Agárrate a la barra! —ignorando cualquier instinto natural de supervivencia en mi cuerpo, me solté de las cuerdas elásticas, sabía que me encontraba a merced del arnés que René y Tatiana me habían fijado. Alargué las manos para agarrarme de la barra, que no entró en mi campo de visión hasta la milésima de segundo de la que dispuse para sujetarla.

Para sentir cómo el corazón se te sube a la garganta, sólo has de intentar sujetar un trapecio suspendido en el aire a doce metros de altura, fuera de tu alcance, y caer vertiginosamente hacia el suelo, al fallar, unas milésimas de segundos después, el tiempo suficiente para preguntarte si el arnés que llevas puesto es tan seguro como esperabas. Tras caer nueve metros, sentí por fin la tensión de las cuerdas elásticas y luego cómo me impulsaban de nuevo a ocho metros de altura, mientras yo me balanceaba suavemente y seguro en medio del aire.

—¡Vuelves a estar muy cerca del trapecio, Frank! ¡Esta vez puedes lograrlo!

Empecé el proceso de nuevo, impulsándome hacia arriba y hacia abajo, tirando de las cuerdas elásticas al tiempo que llevaba las rodillas al pecho. Mi ritmo mejoró, al igual que la correspondiente altura que alcanzaba con cada tirón.

—¡Sólo has de pegar tres buenos tirones más, Frank! —gritó Tatiana mientras todo el mundo me contemplaba desde el suelo—. ¡Uno! ¡Dos! ¡Tres! ¡Agárrate a la barra!

Sin embargo, volví a fallar, era evidente que me daba miedo pasar de largo el trapecio o quizás incluso agarrarme a él. Es asombroso el miedo que nos infunde lo desconocido, aunque conlleve la posibilidad de triunfar. Estamos tan decididos a seguir con nuestra cómoda rutina, que aprendemos a vivir desilusionados mientras ésta nos resulte familiar y segura. Yo sabía que era la lección que la sesión de trapecio *bungee* iba a enseñarme. Nuestros miedos nos retienen, nos impiden alcanzar nuestros objetivos. Sólo si nos arriesgamos podremos llevar a cabo algo extraordinario.

Con los brazos extendidos, vi cómo estuve a punto de agarrarme a la blanca barra, pero fallé por unos pocos centímetros y volví otra vez a caer en picado hacia el suelo.

—¡Oooh! —exclamó Tatiana dirigiendo el coro de exclamaciones que se oyeron desde el suelo—. ¡Esta vez has estado a punto de conseguirlo! Vamos a intentar otros ejercicios para que tus brazos puedan descansar un poco —Sí, pensé, «sin duda Ivan debía de haberle comentado mi floja actuación en la cuerda».

Tatiana me guió para que adoptara una posición inmóvil en medio del aire, a casi ocho metros de altura, y después me enseñó a dar un salto mortal.

—Primero has de inclinarte hacia delante, Frank, con la cabeza y los hombros, y después extender los brazos, como Superman, y lanzar las piernas hacia atrás —estas instrucciones parecían fáciles de realizar, hasta que comprendí que debía volver a confiar por completo en la capacidad de mi arnés para desafiar la gravedad. Al moverme con vacilación, no pude impulsarme con la suficiente fuerza como para dar una voltereta hacia adelante. Pero al recordar que estaba intentando alcanzar el trapecio y que todos me estaban animando desde el suelo, di un audaz salto al vacío.

Como por arte de magia, mi cabeza se dirigió hacia el suelo al tiempo que mis piernas se elevaban por encima de mí, y di una voltereta en el aire. ¡Había funcionado! ¡Había dado un salto mortal antes de poder ni siquiera pensar en lo que estaba haciendo!

—¡Sí, Frank! —exclamó Tatiana sin que le diera tiempo a decirme que volviera a repetirlo, porque yo tenía tantas ganas de intentarlo de nuevo que lo repetí tres veces más—. ¡Haz ahora uno doble! —Antes de que ella hubiera pronunciado estas palabras, yo ya estaba impulsando mi cuerpo hacia adelante con abandono, lanzándome de cabeza con la suficiente fuerza como para dar dos volteretas seguidas.

—¡Hazlas ahora al revés! —gritó Tatiana. Este movimiento era más difícil porque no sólo requería dejar de agarrarme con las manos a las cuerdas elásticas, lo cual ahora ya no me importaba, sino que además debía llevar las rodillas al pecho y echar la cabeza hacia atrás, dando una voltereta totalmente a ciegas. Vacilé unos momentos, pero entonces volví a sentir el mismo espíritu aventurero que cuando había dado una voltereta hacia adelante y *voilà*, lo conseguí! ¡Di una voltereta hacia atrás! Y después, otra, seguida de una sensacional doble voltereta hacia atrás. Aunque aún no dominara el arte del salto mortal con cuerdas elásticas, había aprendido el arte de confiar en el entrenador, en el montador y en mí.

—¡Muy bien, Frank!, ¿estás preparado para intentar sujetar ahora al trapecio de nuevo? —me preguntó Tatiana. Yo empecé a impulsarme hacia arriba y hacia abajo, preparándome para agarrarme a la barra antes de pensar en darle una respuesta. Tatiana era muy lista, sabía que al lograr yo dar los saltos mortales, confiaría más en mí mismo. Era mi tercer intento, y esta vez nada iba a impedírmelo. En estos casos es muy útil dejarse llevar por un poco de locura y ahora yo me estaba dejando llevar completamente por ella. «La altura no me da miedo —me dije a mí mismo—, ni el trapecio tampoco, me lanzaré hacia él sin pensármelo dos veces.»

—¡Da tres buenos botes más, Frank! ¡Uno! —«Esta vez en lugar de acobardarme voy a dar los tres mejores saltos de mi vida», me dije.

—¡Eso es! ¡Dos! —me impulsé con todas mis fuerzas—. ¡Tres! ¡agárrate, Frank, agarráte bien a la barra! —gritó Tatiana.

En el ápice de mi impulso, cuando me encontraba casi a doce metros de altura, levanté por fin la vista y allí estaba el trapecio, ¡sólo a medio metro de distancia de mis ojos! Extendí los brazos y logré agarrarme de la barra con una mano, en contra de las instrucciones de Tatiana. ¡Pero al menos la tenía! Después me agarré a ella con la otra, y al cabo de poco ¡ya estaba colgado de ella! A Tatiana ni siquiera le dio tiempo de recordarme cómo tenía que terminar el ejercicio, porque yo ya había elevado mi cuerpo y me había sentado en la barra. Me puse a columpiarme en el trapecio, a dieciocho metros de altura, como si fuera un colegial saludando a los amigos que desde el suelo me animaban.

Y entonces llegó el momento de hacer la maniobra que más miedo me daba: lanzarme del trapecio hacia atrás para evitar que las cuerdas elásticas del arnés se enredaran. «Si he llegado tan lejos y todo ha ido tan bien, no tengo por qué preocuparme», me dije. Me impulsé balanceándome hacia delante y hacia atrás al tiempo que decía en mi fuero interior: uno, dos, tres... ¡ya!

Me lancé al vacío tirándome de cabeza hacia atrás, vi cómo caía en picado descendiendo tres, seis, nueve metros, mientras el suelo se iba acercando cada vez más, hasta que, ¡zas!, oí el tirón de la cuerda: el arnés y las cuerdas elásticas me habían salvado de nuevo. Antes de darme cuenta, ya estaba meciéndome cómodamente en la posición inicial, sonriendo a los que me estaban mirando desde el suelo. ¡Me resulta imposible expresar con palabras lo triunfante que me sentí en aquel momento!

Al sacarme el arnés descubrí que estaba tan empapado en sudor como si hubiera estado corriendo en la cinta. Y tenía la boca tan seca que parecía haber estado lamiendo la arena de Las Vegas.

—¿Qué te ha parecido? —me preguntó Tatiana.

—¡Fabuloso! —respondí loco de alegría por haber logrado vencer mis miedos y subirme al trapecio. Me sentía como cuando conseguí reunir el suficiente valor para contarles a Alan y Diane mis planes de pasar una temporada en el Cirque du Soleil—. ¿Cuándo podré volver a subirme? —dije.

Aquella noche Diane vino a verme a la habitación para saber cómo me iba.

—¿Cómo te sientes? —me preguntó.

—Cansado —admití—, pero también excitado. ¡Vaya día!

—Es la primera vez que veo en tus ojos esta expresión de alegría. Es la mirada que deseé ver en ti algún día cuando nos conocimos en *KÀ*. Éste es el poder del circo, de la imaginación. El efecto que el Cirque du Soleil desea producir tanto en los espectadores como en los que trabajamos en él. Transformamos aquello que es aburrido y cotidiano en algo especial y memorable, en algo que hace que a la gente le cambie la vida. Yo creo que todos tenemos este poder, al margen de lo que hagamos. Pero sólo lo experimentamos cuando nos inspiramos en lo que hoy has aprendido aquí: en la importancia de correr riesgos, de colaborar y de confiar en uno mismo y en los demás

»Para poder ir más allá de lo que crees ser capaz, has de abandonar tu segura y cómoda rutina. En el Cirque du Soleil lo hacemos a través de nuestros cuerpos y actuaciones. Es una de las razones por las que te dejé formar parte del Cirque du Soleil. Al haber sido un atleta, sabía que encajarías en él. Aunque para poder reinventar tu propia vida, trabajo o mundo, no es necesario ser un atleta ni un artista.

Diane me felició por el éxito de mi primer día.

—Ahora descansa un poco —añadió— porque mañana necesitarás estar en plena forma.

5

Bajo la superficie

Queremos que cometas errores

Al despertarme a la mañana siguiente tardé unos momentos en recordar dónde me encontraba, pero mis doloridos músculos y articulaciones me lo recordaron enseguida. Cuando acababa de darme una buena ducha con agua caliente y de vestirme, oí que alguien llamaba a la puerta. Al abrirla, descubrí a Cari plantada ante mí, sonriendo llena de entusiasmo. Me contó que pensaba emplear su día libre viendo cómo afrontaba yo el reto al que el Cirque du Soleil me había sometido.

—¿Estás listo? —me preguntó.

—Ahora lo averiguaremos —le respondí encogiéndome de hombros.

Diane me había concertado una cita con la responsable de la sección de maquillaje del Cirque du Soleil. Al principio no me atraía en absoluto la idea de estar sentado tres horas soportando una sesión de maquillaje. Si no iba a participar en ningún espectáculo, ¿de qué iba a servirme la experiencia? Pero Diane me explicó que en el Cirque du Soleil el maquillaje formaba parte del calentamiento de todos los artistas porque les preparaba para hacer poco a poco la transición de la vida cotidiana a la vida en el escenario. Es decir, era otra forma de expresar una creatividad más fundamental: el maquillaje no pretendía ocultar nuestros rostros y defectos, sino revelar otra parte de nosotros mismos al mundo exterior.

Me dirigí con Cari al edificio principal para someterme a una sesión de maquillaje con mademoiselle Claudia, una encantadora mujer con el pelo corto de color castaño que parecía encontrarse al final de la treintena. Me senté en medio de un enorme atleta ucraniano y una menuda joven china.

—Hemos visto nuestros cuadernos de los personajes del Cirque du Soleil para elegir el que mejor encaje contigo —dijo Claudia sacando de una estantería un cuaderno de tres anillas y abriéndolo por la página correspondiente a *Quidam*, un espectáculo itinerante del Cirque du Soleil—. Su rostro se parece al tuyo —dijo señalando al personaje de la rueda alemana—, porque tiene tu misma estructura ósea y además me gusta la energía que desprende. Parece un tipo extrovertido y un poco loco, al igual que tú, por lo que he oído. ¿Qué opinas?

El personaje, ataviado con un sombrero de color turquesa que descansaba sobre una enmarañada melena rubia, mostraba una faz blanca con unas cejas de color azul eléctrico y unas rojas mejillas. Presentaba un aspecto audaz que sin duda se había creado con una meticulosa precisión. Me gustó.

—¡De acuerdo! —respondí. Claudia dejó el cuaderno en la encimera y hojeó las páginas que contenían, paso a paso, las instrucciones ilustradas para realizar el maquillaje del personaje.

—Hicimos estos cuadernos hace varios años para asegurarnos de que el maquillaje de cada uno de los personajes no cambiara con el paso del tiempo, aunque los interpretaran otros artistas —me contó—. Pero, por supuesto, todos los papeles permiten una gran creatividad. Uno nunca se maquilla de la misma forma dos veces.

Nunca me había maquillado en mi vida. Incluso cuando de niño me disfrazaba para Halloween, nunca elegía las caretas de monstruos o exóticas de mis compañeros, sino que me limitaba a ponerme algún jersey adecuado para la ocasión y un casco. Era un disfraz más fácil y además el único maquillaje que requería era embadurnarme la parte inferior de los ojos con un poco de carbón, una pobre preparación para la tarea que ahora me esperaba.

Claudia se puso a elegir los diversos colores, cepillos y esponjas que íbamos a usar para crear mi nuevo rostro. El objetivo de los artistas era aprender a maquillarse para poder hacerlo solos, sin tener que recurrir a la ayuda de Claudia.

—Como puedes ver, empezaremos aplicando una base de color blanco en la frente, las cejas, la nariz, alrededor de la boca y el mentón —dijo sumergiendo una esponja en forma de cuña en un pequeño recipiente de plástico lleno de unos polvos muy blancos—. Toma, intenta ponértelos tú —añadió dándome la esponja.

Al aplicarme un poco de base sobre los pómulos, descubrí asombrado que me resultaba muy difícil aplicar la cantidad justa en la esponja para poder repartirla con homogeneidad.

—No aprietes tanto la esponja contra la cara, Frank, ni tampoco la arrastres —observó ella—, porque estás tirando de la piel. Y si te aplicas cada día la base de este modo, ¡tu rostro se avejentará antes de tiempo!

Mientras me puse a aplicar la blanca base con más maña, Claudia me contó un poco su vida.

—Cuando le dije a mi madre a lo que iba a dedicarme, ¡se echó a reír! —me confesó Claudia—. Como me había enamorado de tantas cosas (del ballet, la danza, el patinaje y la escultura) ya no me creía. Pero esta vez iba en serio. Asistí a cursos de teatro y aprendí cómo el maquillaje se combina con cada aspecto escénico: los disfraces, la iluminación, la puesta en escena.

»Antes de dar con el maquillaje que me gustaba, probé un montón. Y ahora ayudo a los demás a encontrar cuál es el suyo.

»Para mí es el trabajo perfecto, porque constituye una fusión de nuestros talentos y pasiones. Esto es lo que a mí, y a todos los que trabajamos aquí, nos da la energía para intentar hacer algo fresco, algo nuevo todo el tiempo.

»¡Muy bien! —me dijo Claudia indicándome que dejara de aplicarme más base—. Ahora añadiremos un ligero toque de polvos blancos sobre tu rostro. La base es esencial para tu personaje. Y, sin embargo, es también uno de los elementos que los artistas suelen olvidar. Pero si no se aplican la base, el maquillaje de su rostro desaparece con las fuertes luces del escenario: la luz penetra en la piel y los colores que se han aplicado no lucen.

—¿Cuánto tiempo tardan los artistas en maquillarse? —preguntó Cari hojeando otro de los cuadernos de Claudia, concentrada en las posibilidades que ofrecían.

—La primera vez les cuesta mucho. Pueden tardar tres o cuatro horas. ¡Pero pocos de vosotros podéis aguantar sentados tanto tiempo! —añadió—. Después de todo, estáis hechos para moveros. A algunos de los artistas les da tanto miedo la primera sesión de maquillaje que no pueden dormir la noche anterior. ¡Y ésos que son los que luego dan un triple salto mortal en el trapecio ante dos mil espectadores!

En ese momento simpatizaba con ellos. Observé cómo Claudia trazaba una nítida franja en mi ceja derecha con el tono Peacock LU-19 y luego difuminaba la mitad superior. Mientras la veía esculpir una definida y amplia franja en mi ceja, comprendí que yo nunca podría hacerlo con tanta precisión. Intenté en vano imitar el mismo efecto en mi ceja izquierda, pero todo cuanto conseguí pintar fue una fea y vaga mancha azul. Respiré hondo y dejé, desanimado, el pincel sobre la encimera. Pero Claudia lo había estado haciendo durante muchos años, pensé. Lo más probable era que yo no aprendiera a hacerlo en un solo día, así que volví a coger el pincel.

Al terminar de maquillarme, contemplamos los dos en el espejo el desastre que yo había hecho en mi rostro.

—Mmmm... —dije al fin—. Mi maquillaje no tiene demasiado buen aspecto.

—No te preocupes —respondió Claudia—. Es importante que nuestros artistas cometan sus errores aquí, mientras nosotros estamos cerca, porque de lo contrario los cometerían en las giras, cuando no estamos a su lado. Con el maquillaje no hay errores, sólo distintas formas de crear el aspecto final.

Sabía que Claudia tenía razón. Los mayores retos que yo tuve que afrontar en mi carrera tuvieron lugar cuando Alan no se encontraba conmigo para guiarme. Todo cuanto él podía hacer era enseñarme lo que sabía y confiar en que yo aplicaría lo que había aprendido de él.

Claudia me indicó que me detuviera.

—Cuando dibujas estas líneas —dijo—, no has de seguir las líneas de tu rostro, pues son falsos indicios de cómo se mueve tu cara. Te mostraré cómo trazarlas —añadió cogiendo la cajita de plástico del tono Brick Red DR-5 y sumergiendo en él un grueso pincel tal como cualquier pintor lo haría, y después me pidió que sonriera y frunciera el ceño. A continuación dibujó un exagerado contorno de mi «boca de payaso» sin seguir las líneas del rostro y lo coloreó—. Ahora sonríe —dijo. Y así lo hice: las líneas rojas encajaron perfectamente con la expresión de mi rostro, ampliando mi sonrisa para que pudiera verse a sesenta metros de distancia—. Ahora, frunce el ceño —me pidió, y yo me quedé asombrado al comprobar que mi expresión era tan profunda y melancólica como exuberante había sido mi sonrisa.

—¡Es increíble! —exclamé.

—Sólo has de ignorar las líneas evidentes de tu rostro y concentrarte en los huesos y los músculos que hay *bajo* tu piel. De ahí es de donde surge tu expresión y no de la piel. Ahora intenta trazarlas tú.

A diferencia de mis primeros torpes intentos en las cejas, esta vez funcionó.

—¡Sí, ya le estás cogiendo el tranquillo! —observó—. No estás intentando cubrir tu rostro con maquillaje, sino sacar a la luz los elementos esenciales de quién eres.

A continuación pasamos a los pómulos. Claudia palpándome el rostro buscó el vértice del pómulo derecho, el punto donde los tres principales músculos faciales se unen formando una pequeña hendidura en medio de un triángulo. Luego trazó una línea roja nítida sobre la blanquísima base, desde la oreja hasta el punto situado justo debajo del centro del pómulo.

—Los pómulos no son rectos, sino curvos —observó—, si simplemente los cubrieras de color, los anularías —y después de trazar la línea horizontal, difuminó el área alrededor de mis hoyuelos para obtener un espectacular efecto.

Seguí el mismo proceso que Claudia me había mostrado —palpando el vértice de mi pómulo izquierdo, el punto en que los músculos se unen—, tracé una fina línea roja y luego la difuminé delicadamente de tal modo que casi parecía haber sido pintada con un aerógrafo.

—¡Excelente! —exclamó Claudia—. ¡Ahora haremos los ojos! Los ojos, además de ser el espejo del alma, son los que te conectan con los espectadores. Como la mayoría de nuestros artistas no hablan al actuar, hemos de ampliar sus ojos para mostrar lo que están sintiendo. ¡El Cirque du Soleil trata sobre todo de emociones!

Mi personaje requería aplicar una base blanca justo encima y debajo de los ojos, sombrearlos de azul y reseguirlos con un lápiz de ojos negro para crear el aspecto de unos ojos «saltones».

—Tus ojos han de parecer más grandes cuando la luz los ilumina —me explicó Claudia.

Confiar en alguien lo suficiente como para dejar que me trazara unas líneas a unos milímetros de los ojos me costó más de lo que creía, pero confié en las expertas manos de Claudia. Por extraña que fuera la experiencia, no fue nada comparada con la curiosa sensación que sentí al intentar hacer yo lo mismo en mi ojo izquierdo. Me puse a parpadear sin poder evitarlo y mi boca se negaba a mantenerse cerrada.

—¡Frank! —dijo Claudia cerrándome con una palmadita la boca—, sólo estás pintándote los ojos, ¡no comiendo gachas de avena a la fuerza!

Me eché a reír y sentí que los músculos que rodeaban mi rostro se relajaban. Quizá sea difícil confiar en otra persona, pero suele ser más fácil que confiar en uno mismo.

Cuando terminé de pintarme el ojo izquierdo, me puse a contemplar mi trabajo.

—*Très bien, François, très bien!* —exclamó Claudia. Yo sonreí frente el espejo al tiempo que ella también lo hacía por encima de mi hombro—. Por supuesto —añadió—, el problema no está en la primera vez que uno se maquilla. Los artistas que se maquillan durante años acaban volviéndose perezosos. Durante las actuaciones se suelen tomar fotos de los personajes que forman parte del espectáculo y luego nos las envían. Cuando un artista se vuelve descuidado y pierde la chispa creativa que le ayuda a dar vida al personaje que interpreta, apenas puede uno reconocerlo.

Yo pensaba como ella, después de haber estado haciendo durante trece años el mismo trabajo, había aprendido a economizar esfuerzos, y eso que no estaba actuando ante miles de personas.

—¿Cómo consigues hacerles recuperar la pasión, la creatividad? —inquirí.

—Viajamos hasta el lugar donde están actuando y pasamos varios días con ellos —dijo Claudia—. Pero no puedes limitarte a propinarles unos golpecitos en las muñecas y esperar a que se maquillen mejor. Intentamos ayudar a los artistas a redescubrir sus personajes. Hemos de ser muy pacientes y recordarles que crear el maquillaje de su personaje se parece a lo que hacen en el escenario: han de seguir dando el triple salto mortal hasta que sea tan natural que lo hagan sin esfuerzo, sin pensar, para poder concentrarse en su papel, representando el personaje y conectando con el público.

»El hecho de que la mayoría de ellos fueron entrenados como atletas hace que se impacienten con el maquillaje, pero hemos convertido la formación que recibieron en una ventaja —añadió—. Después de todo son competitivos. Les gusta ser valorados y reconocidos. Así que hace varios años empecé a llegar con unos pinceles especiales que llevaban frases grabadas tales como «El mejor maquillaje», «El más acertado», «La sombra de ojos más perfecta», «Los mejores ojos», y otras parecidas. ¡Les encantaron! Queremos que nuestros artistas se interesen en el proceso, porque limitarse a «seguir el procedimiento de rigor» no es suficiente. Es la diferencia que hay entre tocar simplemente las notas correctas en el piano e *interpretar* la melodía con todo tu corazón, dejando que fluya de ti.

»Queremos que cometas errores, que experimentes, que descubras en qué se parece tu personalidad a la del personaje que interpretas —dijo ella—. El maquillaje no es como una máscara que oculta tu identidad, sino que ayuda a revelarla.

Al contemplar mi cara en el espejo, descubrí que ese hombre exageradamente pintado que me estaba devolviendo la mirada no era sólo el rostro que había visto al hojear las páginas de los cuadernos de Claudia, sino que también era sin duda el mío.

Dar en el blanco

Cari había planeado encontrarse con varios actores durante el almuerzo para hablar de sus actuaciones, pero me prometió volver a acompañarme más tarde. Al cruzar la sala principal para ir a almorzar —con el maquillaje aún puesto— advertí a un hombre menudo apoyándose en muletas, andando a saltos con su pie sano y arrastrando tras él el otro escayolado, decorado con llamativos colores. Los botes y saltos con los que se desplazaba eran inusitadamente enérgicos para alguien que se servía de muletas. Y su pelo era más chocante aún: lo llevaba peinado en dos puntiagudos «cuernecitos» teñidos de rojo. Pero por la contagiosa sonrisa que me ofreció, supe sin duda que aquel demonio no tenía una pizca de maldad.

—¿Son de verdad? —le pregunté señalándole los cuernos.

—¿Acaso hay algo que sea «real»? —replicó jugetonamente—. ¿Es de verdad? —inquirió a su vez señalando mi rostro maquillado.

Hice una pausa antes de responderle.

—¡Por supuesto! —le contesté.

—¡Ajá! Entonces sabrás por qué llevo el pelo de este modo: para provocar, excitar y divertirme. Cuando vea a cien personas con mi mismo aspecto, me cortaré los cuernos, pero hasta que no sea así, los conservaré.

—¿Qué te ha ocurrido? —le pregunté mirando las muletas.

—Me he roto un hueso del pie. Por eso estoy aquí, para recuperarme bien y entrenar mientras tanto a algunos de los nuevos actores, en lugar de estar actuando en el espectáculo *KÀ* de Las Vegas. Cuando me lesioné, pensé: «¡Oooh, no! Ahora no podré actuar durante tres meses». Pero he decidido sacarle el mejor partido a la situación. ¡Y fíjate, aún puedo seguir moviéndome!

Soltó las muletas y dio una voltereta en el aire. Después de aterrizar sobre el pie sano, me dijo que se llamaba Martin, era un acróbata de veintisiete años procedente de la ciudad de Quebec. Hacía cinco años que estaba trabajando en el Cirque du Soleil.

—Nunca esperé trabajar para el Cirque du Soleil —me explicó—, sólo asistí a las pruebas para hacer algunas acrobacias aéreas y divertirme. Al principio las acrobacias no se me daban demasiado bien, ya que soy un gimnasta (me entrenaron para hacer los ejercicios gimnásticos de rigor) por eso algunas de las acrobacias aéreas más asombrosas eran nuevas para mí. Pero me dediqué a practicarlas, realizándolas una y otra vez después de que todos se hubieran ido ya a casa. E intenté añadir mis propios giros. Cuando un entrenador me pedía que hiciera una pirueta hacia atrás en medio del aire, hacía la más asombrosa que se me ocurría. Yo creo que fue por eso que me contrataron, porque siempre hacía más de lo que nadie esperaba.

»Es como vuestro juego de béisbol —prosiguió, imitando la postura de un bateador en el plato, hundiendo el pie en el suelo y blandiendo en alto la muleta como si fuera Louisville Slugger—. Algunas veces no le das a la pelota, y en cambio otras consigues batear un *home run*. Pero en la vida a nadie le importa las veces que fallas, lo único que importa son los *home runs*. ¡Y puedes batear todas las veces que quieras! ¡Cualquiera puede ser el rey de los *home runs* si batea lo suficiente!

Lo que Martin estaba diciendo tenía sentido para mí. ¿Acaso alguna vez me había preocupado tanto cometer un error que había dejado de intentar dar en el blanco? Alan solía elogiar la audacia que yo había demostrado al fichar a algún jugador universitario desconocido de segunda o tercera división que aún no había sido seleccionado para jugar en un equipo profesional o al proponer a anunciantes nuevas y extravagantes formas para que nuestros clientes participaran en sus campañas publicitarias.

Con una de sus muletas le propinó un golpe a una gran planta que había en un rincón de la sala y el tiesto al recibir el impacto cayó derramando la tierra por el suelo.

—¿Lo ves? —me dijo arrodillándose para recogerla—. ¡Martin acaba de batear otro *home run*! ¡Y la multitud lo vitorea enfervorizada!

Era un verdadero torbellino.

—¿Qué es lo que hace que tu trabajo te siga entusiasmando tanto? —le pregunté.

—En realidad —me dijo inclinándose hacia mí como si fuera a susurrarme un secreto al oído— es porque me gustan los retos, los cambios, ¡y hacer las cosas a mi manera! Por eso me gusta mi trabajo. El día que descubra que ya no me hace feliz, haré alguna otra cosa. Aunque vayamos disfrazados con estos extraños rostros, cuando salimos al escenario ni todo el maquillaje del mundo puede ocultar la infelicidad de uno. En la vida también ocurre lo mismo, ¿no crees? Pero si no eres feliz, siempre puedes hacer alguna otra cosa. En la vida nunca estás atrapado. Cuando te das cuenta de ello, ¡descubres que eres libre para realizar cosas increíbles!

Sin siquiera darme tiempo a responderle, Martin se enganchó las asas de la muleta al pie sano, me dijo adiós con la mano, y se alejó deslizándose por la sala... sobre sus manos.

Reinventándote a ti mismo

Diane me había concertado una cita con uno de los nuevos diseñadores acrobáticos del Cirque du Soleil que desempeñaba un importante papel en la creación de un nuevo espectáculo. Al llegar a la cita unos minutos antes, me topé con él en la puerta de su despacho.

—Deja que lo adivine —me dijo—. Claudia te ha maquillado la parte *derecha* del rostro.

Me eché a reír. Ante mí tenía a un joven con el aspecto de encontrarse a sus anchas tanto cabalgando sobre una ola en una playa californiana como esquiando por las pistas de Montreal.

—¿Qué es lo que te lo ha hecho suponer? —le pregunté.

—El maquillaje de la parte derecha es definido y claro —observó—, en cambio el de la izquierda parece como si lo vieras a través del objetivo de una cámara cubierto con vaselina, tal como Ingrid Bergman aparece en *Casablanca.*

Los dos nos echamos a reír. Me dijo que se llamaba Lars. Había nacido y crecido en California, y había trabajado durante varios años como ayudante de producción en Hollywood antes de que un amigo lo llevara a rastras a ver un espectáculo del Cirque du Soleil en el muelle de Santa Mónica.

—Era el estreno de un nuevo espectáculo en Estados Unidos y toda la ciudad estaba deseando verlo —me contó Lars—. Y al contemplarlo, pensé: «Es el espectáculo más increíble que he visto nunca». Me impresionó todo en él: la energía que irradiaban los artistas, los asombrosos disfraces y la coreografía, y todas las alucinantes acrobacias que realizaban. Supuse que era demasiado viejo para ellos (en aquella época ya tenía veintiocho años), pero me dije: «¿Qué puedo perder si lo intento?» Así que grabé una cinta de demostración en la que yo aparecía dando volteretas por la playa, haciendo *break dance* en un club de Venice Beach y surfeando algunas olas descomunales y la envié a Montreal.

»Me llamaron dos semanas más tarde. Al cabo de otro par de semanas, estaba ya en Montreal para presentarme a una prueba, y otras dos semanas más tarde, ¡me había mudado a esta ciudad! Fue exactamente la experiencia opuesta a la que tuve en Hollywood, donde nadie parecía tomarse un descanso y cada nueva idea no era más que un refrito de alguna vieja película.

Tres meses después de enviarles la cinta, Lars se encontraba ya en el escenario de Tokio donde se representaba *Saltimbanco,* actuando en los mástiles chinos y en el columpio ruso.

—Pero lo que de veras me gustaba era la rueda alemana —observó.

Al ver mi expresión de desconcierto, me explicó de qué se trataba.

—Los mástiles chinos son unos postes de seis o nueve metros de altura que se alzan del escenario. Los artistas hacemos números encaramados en ellos, saltando de uno a otro o colgándonos en posición horizontal como si fuéramos banderas. El columpio ruso es una rampa de metal, como la que se utiliza para cargar una camioneta de mudanzas, sólo que en este caso cuelga de dos postes de metal y se balancea hacia delante y hacia atrás. En uno de estos columpios caben tres o cuatro individuos, y el que está más adelante sale disparado, da una voltereta en el aire, y aterriza en el suelo. Es un número peligroso, aunque muy espectacular.

»La rueda alemana consiste en dos grandes aros paralelos unidos a una distancia de unos sesenta centímetros por seis travesaños. Te metes dentro y te cuelgas de los travesaños, con los brazos y las piernas extendidos, como el *Hombre de Vitruvio,* el dibujo de Leonardo Da Vinci. Una vez dentro, puedes hacer toda clase de cosas increíbles: correr en su interior como un hámster en su rueda, dar volteretas laterales, girar sobre ti mismo como si rotaras sobre el talón del pie derecho. Y si eres realmente bueno en ella, puedes hacer la caída del penique, que consiste en hacerla girar sobre uno de sus bordes, ponerte de cara al suelo y hacerla rodar y rodar como si fuera un penique que se va asentando en el suelo. Pero no has de dejar que la rueda caiga de golpe ¡porque te aplastarías la cara! Has de tener la fuerza y el equilibrio necesarios para levantarla del suelo.

»Como me moría de ganas de probarla, con la ayuda de uno de los artistas de la compañía, procedente de la antigua Alemania del Este, pedí que me mandaran una. Aprendí a manejarla a altas horas de la noche, después de terminar los espectáculos de *Saltimbanco,* mientras hacía el payaso con ella rodando por el escenario cuando todo el mundo se había ido ya. ¡Tío, tenías que haber visto algunos de los batacazos que me di! Me hice cortes en las espinillas, me rompí los dedos de las manos y los pies, me desgarré una oreja y me partí la nariz, ¡pero valió la pena!

»Después de entrenar durante varios meses, ya era lo suficientemente bueno con ella como para grabar lo que hacía en una cinta y mandarla a Montreal. Enseguida me llamaron para que entrenara y pudiera convertirme en el nuevo acróbata de la rueda alemana en *Quidam.* ¡En un par de meses estaba ya actuando en este espectáculo!

Muchas de las personas que había conocido en el Cirque du Soleil parecían tener el vivo deseo de reinventarse a sí mismas, de intentar hacer cosas nuevas, sin saber si sus esfuerzos les llevarían a alguna parte.

—Al cabo de poco ya estaba lleno de ideas sobre nuevas acrobacias, números, piruetas y aparatos. La atmósfera de Hollywood apagaba mi imaginación, en cambio la del Cirque du Soleil la avivaba.

—¿En qué se diferencian? —inquirí.

—No lo sé, quizá sea la forma en que nosotros volcamos siempre aquí las ideas combinándolas. ¡Hay tanta variedad de personas de distintos países con tantas ideas increíbles! Pero también hay una receptividad a las nuevas sugerencias por parte del Cirque du Soleil. Las buenas ideas y las personas creativas siempre llegan a la cima, al margen de su antigüedad en la compañía o de su tendencia política.

»Cuando oí que el Cirque du Soleil estaba planeando hacer un nuevo espectáculo basado en los deportes de riesgo, quise formar parte de él —añadió—. Los encargados del *casting*, que conocían mi currículum, me preguntaron si quería actuar en él. Les respondí que así era, aunque lo que de veras deseaba era trabajar como diseñador y desarrollar ideas para el espectáculo. Me dijeron: "De acuerdo, pero es mejor que te pongas a trabajar enseguida, porque vamos a decidir quiénes participarán en él dentro de un par de semanas".

»Yo tenía un montón de ideas, ¡demasiadas!, pero me centré en las que se basaban en mis experiencias en California y Tokio. Cuando tenía unos quince años, hubo un terremoto en Mendocino, quizá de unos seis grados en la escala Richter. Pero este terremoto en particular no sacudió la ciudad, sino que se desplazó por la superficie terrestre rodando por el suelo. Utilicé esta experiencia para desarrollar algunas nuevas ideas para uno de los números.

»Hice unos modelos, inspirándome en esas ideas, con unos materiales que no me costaron más de varios cientos de dólares y durante una semana me quedé cada noche hasta las cinco o las seis de la madrugada trabajando con ellos. Después lo grabé en una cinta de quince minutos de duración y volví a mandarla a Montreal. ¡La cinta llegó hasta los principales responsables del Cirque du Soleil en sólo diez días! Antes de darme cuenta, ya tenía mi despacho en las oficinas centrales y todo cuanto necesitaba para hacer realidad mis ideas. ¡Quién sabe con qué clase de creación soñaré la próxima vez! Por supuesto, por lo que me ha dicho Diane, tú tendrás la oportunidad de probar parte de nuestro equipo personalmente. ¿Te veré más tarde dando algunas vueltas con la rueda alemana?

Despertando a tus sentidos

Al volver a la habitación para quitarme el maquillaje, intenté recordar lo que Baudelaire dijo sobre los sueños: «Sólo muy pocos individuos pueden tener grandes sueños». Tenía razón y Lars era uno de ellos. Es más, había sido lo suficientemente valiente como para seguir sus sueños. Nunca dejó que los obstáculos —el dinero, el tiempo y los recursos— se interpusieran en su camino. Se negó a considerarse «un simple actor» y trabajó sin ayuda de nadie para crear unos números increíblemente originales. Era una lección que todos debíamos recordar y confirmó lo que Diane y tantas otras personas del Cirque du Soleil me habían dicho: ¡no hay límites, todo es posible! Si crees en ello y *vives* de esta manera, puedes realizar cosas extraordinarias.

Mi siguiente cometido, que consistía en dejar que hicieran un molde de yeso de mi cabeza, me aterrorizaba más que cualquier otra sesión. Los expertos en accesorios del Cirque du Soleil iban a cubrirme la cabeza y la cara durante media hora con yeso para crear un molde similar a los que recordaba haber visto cuando Diane me había mostrado las oficinas centrales por primera vez.

Mientras Diane me acompañaba por un largo pasillo, pasamos frente a una hilera de moldes blancos de cabezas de yeso apilados contra la pared. Las nítidas líneas de las máscaras me recordaron lo que Miguel Ángel había dicho cuando le preguntaron cómo había creado el *David,* su escultura más magnífica. «El *David* ya se encontraba oculto en el bloque de mármol, sólo he tenido que eliminar las partes que no pertenecían a él», había respondido Miguel Ángel. Al reflexionar en la forma que mi propia vida había adquirido y en el aspecto que yo quería que tuviera, pensé que a veces la forma de aquello que queremos crear ya existe. Quizás era tan sencillo como eliminar las partes de mí mismo que ya no necesitaba.

Al acercarme a las máscaras para observarlas con más detalle, advertí unos nombres junto a cada molde.

—Usamos estos moldes de yeso para tener la forma y las medidas de las cabezas de nuestros artistas —me explicó enseguida Diane al ver mi desconcertada expresión.

—¿Es para saber el tamaño de los sombreros que necesitan?

—Sí, algo por el estilo —respondió—. Tal vez te parezca extraño, pero nuestros accesorios para la cabeza están hechos a la medida para los papeles que cada actor representa. Algunos de ellos son muy elaborados y han de irles a la perfección, de lo contrario se caerían en el momento indebido, o dejarían de caer en el momento oportuno. Nos parece más práctico conservar un modelo de las cabezas de los artistas aquí, en Montreal, por si hay que reemplazar algún sombrero, peluca o máscara, que enviar a nuestros artesanos a Europa o a Asia cada vez que alguien necesite uno nuevo.

Aunque sin duda me había impresionado su espíritu creativo para hacer frente a los problemas cotidianos, esto no quería decir que me entusiasmara la idea de experimentar el proceso directamente.

Siempre he tenido un poco de claustrofobia, la idea de estar atrapado en un molde sin poder decir a nadie lo que estaba sintiendo o experimentando me aterraba, por eso no las tenía todas conmigo al entrar al taller de los accesorios.

Penetré en un espacio que parecía el taller más sofisticado del mundo. Estaba lleno de unas enormes máscaras de metro y medio de alto; eran como las de un desfile de martes de Carnaval. Un grupo de hombres con unas camisetas empapadas en sudor estaban serrando, haciendo moldes y pintando sus creaciones.

A mi derecha había una pequeña habitación totalmente blanca, salvo por el mostrador de color de manteca de cacahuete. Plantada en medio de ella se encontraba una esbelta mujer cubiera con un brillante delantal amarillo de plástico. Su pelo estaba tan lleno de polvo blanco, que al principio creí que era rubia, sólo más tarde comprendí que era una morena con la costumbre de pasarse sus polvorientas manos por la cabeza. Me dijo que se llamaba Vanessa. «Y ésta es Dolores», añadió señalando a una angelical y alegre mujer de mediana edad que se encontraba detrás de mí.

Vanessa me invitó a tomar asiento en una silla que parecía la de una peluquería, frente a una hilera de espejos cubiertos de polvo de yeso. Se veía que estaba acostumbrada a trabajar con personas nerviosas, porque me explicó el proceso al que iba a someterme con una voz tranquila y relajante:

—¿Cómo te sientes, Frank? —me preguntó—. ¿Podrás aguantar bien la experiencia?

Yo no estaba seguro de ello, pero estaba decidido a ponerme en sus manos, igual que había hecho el día anterior con René.

—Sí —respondí—. Estoy listo.

—¡De acuerdo, entonces vamos a empezar! —dijo, y empezó a preparar un casquete de látex hecho a la medida para ponérmelo en la cabeza.

—¿Hay muchas personas que lo pasen mal con el molde? —pregunté nervioso.

—¡Oh, sí, algunas! —respondió mientras ella y Dolores me ayudaban a ponerme el casquete—. ¿Ves esta niña? —dijo señalando el molde de una cabeza infantil en la encimera—. No parece sentirse demasiado cómoda, ¿no crees? Tiene los ojos cerrados y apretados y la cara contraída y tensa. A su lado pusimos a alguien hablándole en chino para ayudarla a relajarse. Y un joven brasileño, a punto de dejar de ser adolescente, nos pidió si podía ver el proceso. Esto nos complicó un poco las cosas, pero resolvimos el problema haciendo dos agujeros para los ojos en el molde. La situación acabó siendo muy cómica: mientras hacíamos el molde no dejó de mover los ojos de un lado a otro, parecía un cuadro de una película de espías. ¡Tuvimos que hacer un gran esfuerzo para no echarnos a reír!

Sonreí al imaginarme la escena. Pero también me ayudó a comprender un poco más por qué estaba tan asustado. La idea de no poder usar mis sentidos —aunque fuera sólo por unos minutos— me desconcertaba. Quizá fuera porque, en gran parte, mi vida dependía de intentar decir lo correcto en el momento oportuno. La idea de tener que estar sentado en silencio y sin moverme, aunque fuera sólo durante media hora, me inquietaba.

—Se ha echado alguien atrás en medio del proceso —pregunté esforzándome para ocultar mi aprensión.

—Sí, nos ha pasado algunas veces —dijo ajustándome con sus delicadas manos el casquete de látex en la cabeza—. En alguna ocasión alguien ha empezado a sentir una sensación de claustrofobia y nos ha pedido que le sacáramos el molde. Pero creo que a ti no te ocurrirá.

Después de untar el casquete con un poco de lubricante para que el molde no se pegara a él, Vanessa y Dolores empezaron a echar sobre mi cabeza el espeso mejunje, el cual para mi sorpresa me produjo una sensación fresca y agradable. Juntas me fueron extendiendo el yeso sobre la cabeza, los oídos, el cuello y la cara.

Con los ojos cubiertos, sentí que Dolores, con sus dedos más gruesos y fuertes, estaba trabajando a mi derecha y que Vanessa, con sus ligeras y delicadas manos, extendía el yeso sobre mi frente. Respiré por la nariz sin mover las cejas ni los labios.

Al cubrirme la cara con el yeso, me sentí como si estuviera sumergiéndome lenta y apaciblemente en el agua. Pero en cuanto comprendí que mi cabeza estaba totalmente cubierta, sentí una oleada de miedo que hizo que mi pulso se disparara. Agarré con fuerza los brazos de la silla. ¡No podía ver, ni hablar! Pero justo cuando estaba a punto de estallar, me ocurrió algo muy extraño. Dejé de luchar, y al comprender cuántas cosas podía hacer aún, me sentí embargado por una gran calma.

Todavía podía respirar. Pronto acepté el ritmo de mi respiración y empecé a controlarlo tal como había aprendido a hacerlo cuando intenté nadar braza por primera vez. Y cuanto más hondo respiraba, más relajado me sentía. Y cuanto más relajado me sentía, menos deseaba intentar expresar con palabras lo que estaba experimentando. Hizo que me preguntara: «¿Cuántas veces he hablado sólo para llenar un momento de silencio, en lugar de dejar que mis ideas sin expresar adquirieran una forma?»

A pesar de tener la cabeza cubierta, aún podía percibir los olores: el aroma mentolado de la goma del plástico me trajo a la memoria los moldes de las férulas de descarga que mi ortodoncista utilizaba cuando yo era un adolescente. Caí en la cuenta de que muchas de las experiencias que había tenido en el Cirque du Soleil habían evocado en mí unos intensos recuerdos, hasta el punto de que en algunas ocasiones me parecía estar reviviendo mi adolescencia, con sus en apariencia interminables series de puertas que llevaban a ¡quién sabe dónde! Cuando me encontraba ante ellas, a menudo me producían la misma clase de incomodidad e inseguridad que había sentido en mi adolescencia. La solución era no entregarme a mis miedos, sino esforzarme en superarlos.

Y aún podía oírlo todo, quizás incluso con más agudeza que antes. Advertí una melodía sonando en la radio, se parecía a la de Lady Blacksmith, el grupo que colaboró en *Graceland,* el álbum de Paul Simon, todo un clásico. Recordé el invierno en que oí por primera vez el álbum: en aquella época trabajaba a tiempo parcial como entrenador de natación en un colegio privado que se encontraba cerca de mi oficina. Me encantaba hacerlo y, sin embargo, no había pensado en ello durante años. ¿Por qué había dejado aquella actividad que tanto me gustaba?

Recordé las palabras de René al describirme en la malla metálica la atención con la que escuchaba el menor ruido para saber si todo iba bien. ¿Me había vuelto sordo a las sutiles señales que me indicaban lo que los demás estaban realmente sintiendo cuando estaba a punto de surgir algún problema? ¿Cómo podía aguzar los oídos y escuchar mejor?

Mientras iban transcurriendo los minutos, me descubrí casi en un estado meditativo. Cuando Vanessa me dijo que ya había llegado el momento de quitarme el molde, deseé que se tomaran todo su tiempo, para prolongar la experiencia. Por primera vez en años no estaba pensando en lo siguiente que iba a decir, ni preocupándome por si daba la impresión de ser un tipo inteligente o listo. Simplemente estaba asimilándolo todo, saboreando los sonidos, los aromas y las sensaciones de mi alrededor.

Fluye con ella

Después de la sesión de moldeado de mi cabeza, me dirigí al estudio, me puse el equipo de gimnasia y fui a encontrarme con Lars, que se hallaba en medio de la sala. Cari, que conocía mi programa, ya se encontraba junto a una pared que había a lo lejos para ver mi actuación. Lars estaba jugueteando con la rueda alemana.

—¡Buenas noticias! —dijo—. Tienes la altura perfecta para la rueda alemana.

¡Por fin medir metro setenta de altura había valido la pena!

Diane me había dicho que quería en especial que probara la rueda alemana porque, en el fondo, me enseñaría el poco esfuerzo que necesitaba hacer cuando realizaba mis actividades con el equilibrio justo y en el momento oportuno. Si intentas obligar a tus pensamientos a seguir unos determinados caminos, me explicó, tu mente se resistirá a ello a la menor oportunidad que tenga, como la rueda alemana. Pero si confías en tu imaginación, te llevará hacia direcciones asombrosas.

—¡Muéstrame lo que puedes hacer con ella! —le pedí a Lars. Sabía que no era un presumido, pero podía ver que le encantaba actuar. Empezó con algunos de los movimientos más sencillos, para irse acomodando a la rueda, ya que hacía un tiempo que no actuaba con ella. Metió los pies en las bandas que servían para sujetarlos.

—Has de meter bien los pies en las bandas porque si se te salen ¡tendrás un gran problema! —dijo agarrando dos asideros que había por encima de su cabeza, adoptando la postura del *Hombre de Vitruvio,* y luego impulsó con soltura la rueda hacia delante y se puso a dar volteretas laterales hacia delante y hacia atrás haciéndola girar por la sala.

La movía como si no estuviera haciendo el menor esfuerzo.

Después la hizo girar en círculos, yo no tenía idea de cómo había redirigido el artilugio, porque la posición de Lars no parecía haber cambiado en absoluto. A continuación la hizo rodar sobre uno de sus bordes, acercánÇdose cada vez más al suelo, como una moneda que poco a poco se va asentando en él. Pensé que la fuerza de la gravedad haría que Lars cayera de la rueda y se aplastara la cara contra el duro suelo de madera, pero mantuvo en todo momento una postura perfecta. Su posición en la rueda nunca parecía cambiar en lo más mínimo. Y, sin embargo, tenía que estar ejerciendo alguna clase de fuerza para que la rueda fuera allí donde él deseaba.

Justo en el momento en que parecía que no podría controlar los giros, antes de que la rueda se topara con el suelo y quedara plana sobre él, Lars salió pegando un brinco, se puso en pie y extendió los brazos en un gesto de «¡Tachán!», mientras la rueda daba sus últimas vueltas a su alrededor antes de quedar plana en el suelo. No pude evitar aplaudirle y reír por lo que acababa de presenciar.

—¡Es increíble! —exclamé.

—Sólo es el principo —replicó, y se puso a hacer girar el artefacto de cincuenta kilos a su alrededor con la misma facilidad que si fuera un aro de poco más de ciento cincuenta gramos. Pero cuando saltó encima de la rueda de metro ochenta de altura y se sostuvo en ella utilizando sólo los brazos, como un gimnasta subiéndose a las paralelas, me quedé boquiabierto. Después de mantener esta postura por unos momentos (no sé si fue para recuperar el equilibrio o para crear un espectacular efecto), de pronto pasó su cuerpo por dentro y fuera de la rueda, y por encima y alrededor de ella, mientras la hacía girar de todas las formas imaginables. Nunca se repitió en ningún movimiento y justo cuando yo creía que no sabía hacer nada más, se puso de pie sobre la rueda, controlándola a la perfección—. ¡Mira, mamá, sin manos! —me dijo bromeando.

Luego logró introducirse otra vez en ella al tiempo que metía los pies en las bandas, todo en un solo movimiento. Manteniendo los brazos cruzados frente a él, dio otra voltereta lateral ¡usando solamente los pies! Rodando hacia delante y hacia atrás, y en círculos, repitió varios de los movimientos que me había mostrado pocos minutos antes, pero esta vez sin ayudarse con los brazos.

Aunque yo estaba seguro de que había una cosa que no podría hacer sin ellos: la caída de la moneda. En ese momento, se agarró al asidero que había por encima de su cabeza con una mano ¡y realizó la caída de la moneda! A medida que su cuerpo, así como la rueda, se iban acercando cada vez más al suelo para quedar paralelos a él, la rueda empezó a dar vueltas como un derviche girador. Al final Lars la hizo rodar tan deprisa que yo no podía seguir su cabeza sin marearme, ¡se había transformado en un giroscopio humano!

Y cuando creí que en esta ocasión no podría escapar de ella, ahí estaba él, de pie en medio de la rueda mientras ésta daba sus últimos giros a su alrededor antes de detenerse por completo. Esta vez no fue necesario hacer un gesto de ¡tachán! El número habló por sí solo.

Me impresionó tanto que me quedé sin habla. Pero también he de confesar que estaba un poco asustado. Después de todo, ahora me tocaba manejarla a mí.

—¡No es tan difícil como parece! —dijo animándome a acercarme a la rueda. Pero yo había visto ya hacer muchas cosas que en manos de un artista de primera categoría parecían fáciles y que, sin embargo, en manos de un aficionado, como era mi caso, habían resultado ser muy difíciles. Y esta lista iba creciendo constantemente.

—Confía en mí —dijo Lars al ver una expresión de duda en mi rostro—. En cuanto aprendes a mantener el equilibrio, ya no necesitas hacer nada más. Para cambiar de dirección no has de girar dando un tirón hacia este lado o ese otro, porque si lo haces la rueda se te resistirá, tienes que hacerlo por medio de sutiles manipulaciones.

—¡Bien! —dije metiendo los pies en las bandas lo más hondo posible y agarrándome a los asideros.

—¡Ah, sí! —añadió como si acabara de caer en ello—. Lo más importante de todo es ¡no soltarte nunca! Si vas a chocar contra la pared, choca: estarás más a salvo dentro de la rueda que fuera. Porque si al chocar tus manos o tus pies estuvieran fuera, te romperías los dedos.

Le fulminé con la mirada.

Pero estaba decidido a intentarlo. Hasta el momento había sobrevivido a todas las pruebas. En cuanto me instalé en la rueda, la hice rodar un poco hacia delante y hacia atrás para probarla.

—¡Ah, otra cosa! —añadió. A esas alturas me sentía ya como un primo en un concesionario de coches al que le estuvieran endosando una retahíla de consejos—. Has de mantener el cuerpo lo más rígido y plano posible. Cuanto más te concentres en tu «fuerza esencial», que se encuentra en la zona del estómago y el pecho, más control tendrás.

Al cabo de poco, y para mi sorpresa, me sentí de lo más seguro dentro de la rueda: hice varias volteretas laterales hacia un lado y después hacia el otro.

—¡Muy bien! —me animó Lars—. Ahora intenta caminar por el interior de la rueda.

Me veía como un humano intentando imitar a un hámster que correteaba por la rueda de su jaulita. Al principio, sin embargo, me movía con tanto tiento, dudaba tanto de mi habilidad, que la rueda apenas se movía, a pesar de darme la sensación de estar intentándolo con todas mis fuerzas.

—Como ya te he dicho, tendrás que confiar en la rueda y en ti —me instruyó Lars—. En realidad la mayoría de las maniobras que haces con la rueda son más fáciles cuanto más deprisa las realizas. La rueda es más fácil de controlar y manejar con un poco de velocidad. Si sigues así vas a quedar hecho polvo.

Di otro paso dentro de la rueda, pero esta vez no intenté retenerla sino que me incliné hacia delante y dejé que rodara a sus anchas. Mientras Lars me animaba, hice girar la gran rueda blanca por el suelo... hasta que llegué a la imponente pared blanca de hormigón que se alzaba al final de la sala. ¡Me preparé para la colisión agarrándome con fuerza y al chocar contra ella descubrí que ¡el accidente no había sido tan grave como me imaginaba! Sólo me había caído de culo, por suerte una de mis partes menos vulnerables.

—¡Así se hace, campeón! —gritó Lars.

—¡Pero si he chocado contra la pared! —exclamé levantándome del suelo.

—¡Por eso te estoy aplaudiendo! —respondió—. Si no aprendes a chocar correctamente, no podrás aprender nada más sobre la rueda alemana. Al principio, cuando empiezas a manejarla, prácticamente todo cuanto haces es chocar. Tío, tenías que haber visto algunos de los golpes que me pegué mientras me entrenaba en el escenario de *Saltimbanco*. Fui a parar con esa traidora rueda cinco o seis veces contra la tribuna, más de las que me gustaría haber contado. Pero una vez aprendí a prepararme para la colisión sin abandonar la rueda, ¡no tuve ningún problema! Y dejó de darme miedo cometer algún error. ¡A partir de entonces fue cuando mejor me lo pasé!

Volví a meterme en la rueda, la hice girar de nuevo ¡y descubrí que Lars tenía razón! En vez de temer la siguiente pared a la que me acercaba, me puse simplemente a experimentar cómo podía lograr que la rueda hiciera lo que yo quería, respetando las reglas que la gobernaban. Descubrí que si me inclinaba un poco hacia el interior, la rueda rodaba sobre uno de sus bordes. Si me inclinaba hacia delante, la rueda iba más deprisa y si me inclinaba hacia atrás, disminuía de velocidad e incluso la rueda giraba hacia la dirección opuesta.

—Ahora —anunció Lars— ha llegado el momento de girar sobre ti mismo trescientos sesenta grados. Una vez aprendas a dar una vuelta completa dentro de la rueda, podrás ir allá donde tú quieras con ella.

Lars me mostró una serie de complicadas maniobras que yo debía efectuar con las manos y los pies —debía agarrar la barra que había detrás de mí por un determinado lugar y mover los pies de una manera especial— con el objetivo de dar una vuelta completa sobre mí mismo mientras la rueda rodaba, sin enredarme con las bandas de los pies ni perder el equilibrio.

Al principio la daba con lentitud, pero en cuanto empecé a sentir los puntos de equilibrio y a trabajar con ellos, me puse de pronto a hacer estas maniobras con soltura en medio de la rueda, incluso mientras ésta rodaba con fluidez por el suelo.

—¡Eso es! ¡Eso es! —gritó Lars—. ¡No te resistas! Fluye con ella, así colaborará contigo. ¡Así se hace! Puedes intentar luchar contra la rueda con todas tus fuerzas, pero es mucho mejor aprender a fluir con ella y aprovechar su impulso para utilizarlo a tu favor.

Y al cabo de poco, allí estaba yo, caminando hacia delante y hacia atrás dentro de la rueda, dando volteretas laterales, haciéndola rodar de un lado a otro y siendo capaz, al mismo tiempo, de girar mi cuerpo en ella por completo. Por supuesto, esto no quería decir que ya la dominara. Para lograrlo tendría que practicar durante meses o años, como mínimo. Pero lo que sí había dominado era mi antigua forma de pensar, de afrontar un elemento adverso con la fuerza bruta. Al relacionarme con la rueda con paciencia y confianza, y sintonizar con sus puntos de equilibrio, me descubrí fluyendo con ella en lugar de oponerme a ella.

Era exactamente lo que Diane quería que aprendiera. Debes tener la suficiente confianza como para dejar que tu imaginación gire hacia toda clase de direcciones. Y si de veras deseas que tus sueños se hagan realidad, tienes que estar dispuesto a estrellarte alguna vez.

6

Las luces de París

Abandonando tu cómoda y segura rutina

Mientras nuestro avión se acercaba al aeropuerto Charles de Gaulle, contemplé desde la ventanilla las mágicas luces de los edificios parisinos. Me habían invitado a París para asistir al estreno de *Saltimbanco,* uno de los espectáculos más antiguos del Cirque du Soleil. Me acompañaba Cari, que iba a pasar varios días en la Ciudad de las Luces para aprender el arte del trapecio doble de las gemelas brasileñas que actuaban en él. Estaba nerviosa, como es lógico, y al no poder pegar ojo en toda la noche, se había dedicado durante las últimas horas a releer el dossier de información sobre París que el Cirque du Soleil le había preparado.

Diane había querido que yo viera en su propio ambiente la «ciudad itinerante», tal como ella llamaba a los espectáculos ambulantes. Creía que yo no podría captar el espíritu del Cirque du Soleil hasta que hubiera visto cómo era la vida itinerante en él. Y el mejor momento para experimentar este aspecto de la vida en el Cirque du Soleil era el estreno de un espectáculo en una nueva ciudad. Levantar la Gran Carpa en un nuevo lugar, me explicó ella, constituía toda una ceremonia para el Cirque du Soleil.

También me dijo que después de haber estado experimentando la cultura del Cirque du Soleil en el estudio durante las tres últimas semanas, era esencial que viera cómo los aspectos del entrenamiento y la preparación, del diseño y la creación, de la coordinación y la cooperación se integraban en la vida cotidiana del espectáculo.

—El estudio es un mundo fascinante y maravilloso, un lugar donde los artistas aprenden a dejar volar su imaginación —dijo Diane—. Pero al final todos han de acabar abandonando la seguridad que les ofrecen las paredes del estudio y experimentar la a veces brutal realidad de hacer trescientas setenta y cinco actuaciones al año. Ver uno de nuestros espectáculos itinerantes, sobre todo *Saltimbanco*, te permitirá contemplar el increíble intercambio de energía emocional que tiene lugar entre los actores y los espectadores.

—¿Por qué en especial *Saltimbanco*? —inquirí.

—Porque aunque sea nuestro espectáculo más antiguo, sigue conservando al mismo tiempo un increíble frescor —me explicó—. Para hacer que un espectáculo se mantenga, hemos de preguntarnos si aún encaja en un mundo que está cambiando constantemente. Antes de decidir representar un espectáculo en una nueva ciudad o país, nos preguntamos: «¿Es relevante? ¿Es estimulante?» Nuestros directores creativos creen que *Saltimbanco* cumple aún con estos criterios, por esto empezamos a convertirlo en un espectáculo itinerante después de terminar de representarlo en 1997.

»Y en cierto modo *Saltimbanco* es un microcosmos del Cirque du Soleil. Cuando el espectáculo fue concebido, sus creadores empezaron con el tema de la experiencia urbana: muchas culturas conviviendo juntas en una variopinta mezcla de personalidades, historias y música. Viajar de ciudad en ciudad es una parte esencial de la vida circense. Al dejar atrás las comodidades de su hogar es cuando a nuestros creadores se les ocurren las ideas más fascinantes.

Después de haber conocido una pequeña muestra de los tres mil empleados y artistas de cerca de cuarenta países distintos que llamaban al estudio de Montreal su hogar, estaba deseoso de ver cómo todos sus esfuerzos se unían para crear un espectáculo, una función. Durante las últimas semanas había conocido en el Cirque de Soleil a una serie de «guías», tal como Diane los llamaba: un montón de artistas, directores creativos y artísticos, y una muestra de cientos de artesanos, técnicos, empleados que atendían al público y profesionales de las oficinas centrales que ayudaban a orquestar las numerosas y arriesgadas empresas del Cirque du Soleil. Yo había estado entrenando durante semanas con Igor para aprender las habilidades físicas básicas que requerían los ejercicios acrobáticos, y Lars y Tatiana me habían enseñado algunos de los secretos de la rueda alemana y del trapecio *bungee*. Había conocido a jefes de cocina y gestores, a abogados e intérpretes, a diseñadores de disfraces y pelucas (el Cirque du Soleil diseña los elaborados accesorios para la cabeza, los disfraces y los zapatos en sus propios talleres). Todas estas personas me habían abierto la mente hasta tal punto que yo sabía con toda certeza que ya no contemplaría *Saltimbanco* con los mismos ojos con los que había visto *KÀ* en Las Vegas varios meses atrás.

En cierto modo después de pasar una temporada en el Cirque du Soleil, yo ya no era el mismo que antes. Algo había cambiado en mi interior, ya no sentía que el mundo que me rodeaba era un estable y monótono continuo en el que cada día era tan previsible como el siguiente. A través de mis conversaciones y experiencias había descubierto poco a poco que cada día estaba lleno de posibilidades. Volvía a sentirme de nuevo lleno de excitación por lo que podía hacer con mi vida.

Incluso empecé a plantearme las cosas más básicas que nunca me había cuestionado. Cada día me ponía un traje para ir a trabajar. ¿Por qué? Para variar podía tirar mis antiguos trajes y ponerme lo que me apeteciera. Y también cambiar mi forma de relacionarme con los compañeros de trabajo y con los clientes. Podía reinventar mi trabajo, tanto si cambiaba de profesión o carrera como si no. Estas sensaciones me llenaron de energía. Aunque fuera un sutil cambio de perspectiva, era un cambio real, como si mi plano mundo en blanco y negro se hubiera transformado de súbito en un fascinante paisaje tridimensional.

Mi experiencia me hizo recordar algo que Diane me había dicho sobre *Quidam,* uno de los espectáculos del Cirque du Soleil. La historia que se representa en él trata sobre una adolescente que está desilusionada con el mundo que la rodea. Su padre, vestido con un traje y un bombín inspirado en la pintura de René Magritte, se traslada cada día al trabajo, como otras personas del mundo de los negocios, que andan por la vida como sonámbulos. Su madre tiene la mirada perdida en la lontananza, sin ver nada. En cambio, la joven, aburrida pero curiosa, anhela sentir la excitación que cree tener a su alcance, por eso sueña con el mágico Quidam, un ser sin cabeza que lleva un paraguas. Con su ayuda, aprende que para transformar el mundo cotidiano en una extraordinaria aventura sólo es necesario tener un poco de imaginación.

Y, por supuesto, los guías adecuados. Diane, Igor y otras personas me habían enseñado a abrirme de una forma increíble a los estímulos creativos de mi alrededor. A arriesgarme, no sólo corriendo grandes riesgos, sino también aprovechando las pequeñas oportunidades que cada día me ofrecía, lo cual me producía una sensación de excitación, de nuevas posibilidades. Me habían enseñado el secreto de confiar: en los amigos, en los compañeros y en mí. Ahora me daba realmente cuenta de la poderosa fuerza que tenía un buen equipo, en la colaboración. En el mundo no hay nada más crucial para crear y fomentar nuevas ideas.

Un trapecista nunca podría remontar vuelo sin el experto trabajo de los montadores y entrenadores, un contorsionista nunca podría ayudar al público a aventurarse en el viaje de la imaginación si no fuera por los maquilladores y los diseñadores que crearon el personaje y la representación combinándolos en una original unión. Cada número, cada movimiento, cada momento era la culminación de los esfuerzos de cientos de profesionales.

Cari y yo llegamos a la sede del Cirque du Soleil a la mañana siguiente. Situada en el enorme aparcamiento de una antigua fábrica de automóviles de Renault, bullía de actividad y con la efervescente energía de la que Diane me había hablado. Los montadores, equipados con largas pértigas para limpiar cristales, lavaban los paneles de vinilo descendiendo con sus arneses desde el vértice de la gran cúspide del edificio, eliminando la capa gris del polvo procedente de la calle para devolverles el color blanco inmaculado de un nuevo inicio. Otros miembros del Cirque du Soleil montaban paradas y tenderetes para exponer los *souvenirs*. Varios profesionales llevaban al interior percheros con variados disfraces, de colores tan chillones y diversos como los de la frondosa bóveda de una selva tropical. Me sentí como si hubiésemos entrado en una versión en tecnicolor de una comunidad amish contruyendo un granero: todos realizaban sus respectivas tareas en una danza minuciosamente coreografiada.

Cari y yo cruzamos la gran cúpula y la primera de las dos pequeñas cúpulas —que se utilizaba como vestíbulo— y nos dirigimos a la segunda de ellas, la zona de «entre bastidores» de los artistas. Mientras la canción *Touch of Gray* de los Grateful Dead sonaba por los altavoces, contemplé a los artistas haciendo ejercicios de calentamiento, estirándose, realizando malabarismos con pelotas, ensayando en la cuerda floja y en los mástiles chinos. También había un musculoso artista sentado sobre un baúl, con el torso desnudo, levantando una pesa por encima de su cabeza mientras charlaba con uno de sus compañeros. Con aquel bigote al estilo Dalí y aquella pinta, parecía haber sido transportado de un circo americano del siglo diecinueve.

Pregunté a una mujer que iba en bicicleta dónde podría encontrar a Maurice Morenz, el director artístico del espectáculo. Me señaló con la mano a un hombre con una camiseta a franjas rojas y blancas, de pie en el exterior de una caravana que la compañía utilizaba a modo de cocina: *la cantine,* la llamaban en francés.

—¡Maurie-Mo! —le gritó la mujer—. ¡Tienes visitas!

—*Bienvenue, mon ami!* —dijo él, y después me estrechó la mano y dio a Cari el tradicional beso europeo en ambas mejillas. Maurice le indicó a Cari dónde podía encontrar a su nuevo entrenador y a continuación me invitó a tomar un café con él.

Diane me había contado que era el primer espectáculo que el Cirque du Soleil daba en París en dieciséis años. Cuando le pregunté a Maurice cómo se sentía, reconoció que estaba nervioso.

—París es una de las últimas grandes capitales del mundo que hemos de conquistar y estamos sometidos a una gran presión. Los parisinos tienen una rica tradición circense a sus espaldas de siglos de antigüedad. Si tenemos un buen estreno y ellos están abiertos al espíritu del Cirque du Soleil, entonces creo que todo irá bien. Aunque, por supuesto, si no les gusta el espectáculo en el estreno, nos esperan unos tres meses muy largos y solitarios.

Le dije a Maurice que me sorprendía que estuviera nervioso, dada la historia del espectáculo y la experiencia de los actores.

—¡*Au contraire,* amigo mío! —exlamó él—. Afrontamos nuestros miedos cada día. En realidad, ¡deseamos sentir un poco de miedo!, para poder conocer nuestros límites y trascenderlos. Antes de poder volar, hemos de lanzarnos al vacío. El mayor peligro no es fracasar, sino sentirse cómodo, alcanzar una cierta altitud y realizar el espectáculo con el piloto automático puesto. Y París es el lugar perfecto para sentirnos inquietos. Aparte, quizá, de Nueva York, no se me ocurre ninguna otra ciudad cuyas expectativas artísticas sean tan altas.

—¿Cómo conseguís entonces no volveros comodones?

—Nos gusta que nuestros actores alternen con los grupos artísticos que conocemos en los viajes: juglares, acróbatas, escupefuegos, músicos, mimos, titiriteros, escuelas circenses, bailarines e incluso cabareteros. En cada ciudad que visitamos nos encontramos con algún grupo artístico. Si tienen algo especial para ofrecernos, como suele ocurrir en Europa, los invitamos a realizar un taller para nuestros artistas, esta actividad forma parte de mantener a nuestros artistas «estimulados» y frescos. O también podemos organizar un intercambio: nosotros hacemos un taller para ellos y ellos uno para nosotros. O les invitamos a uno de nuestros espectáculos. Cuando estábamos creando *KÀ,* trabajamos con un grupo francés que descubrimos llamado «Les Yamakazi». Sus componentes nos ayudaron a desarrollar el número de los acróbatas saltando de un gigantesco mástil a otro; también influyeron en el estilo de trepar a las pasarelas que cuelgan sobre las cabezas del público. ¡Como ves, uno nunca sabe adónde le llevarán esta clase de casuales encuentros!

Nadie lo sabía mejor que yo, después de todo el maravilloso viaje que había emprendido con el Cirque du Soleil se debía a mi encuentro casual con Diane. ¿Había alguna forma, me pregunté, de ser más receptivo a esta clase de experiencias en el futuro? Una parte de mí sabía que la respuesta era sí: al vencer mis miedos, al aprender a confiar en los demás y compartir mis ideas y al correr riesgos.

Maurice me invitó a entrar en la cocina de la compañía. Estaba decorada con vistosas mesas, pintadas por las personas que habían viajado con la compañía a lo largo de los años —los artistas, el equipo de profesionales y sus hijos— representando mapas de sus ciudades natales, desde Kansas hasta Kazajstán. Me acompañó a un mostrador lleno de una selección de cafés y tés de primera calidad.

—He acabado convenciéndome —dijo Maurice mirando a su alrededor— de que cuanto más alimentamos a nuestros artistas y equipo de profesionales, en cada forma imaginable, más cosas nos dan a cambio. Nuestro objetivo es hacer que los artistas se sientan cómodos de todas las maneras posibles, para que mentalmente se sientan *incómodos*: plantearles retos, desestabilizarlos. Cuanto más lo hacemos, más se entregan ellos a sus papeles. Cuando los artistas se unen por primera vez a nuestro espectáculo itinerante, son como unos invitados en una emocionante fiesta: viajan por el mundo, conocen a nuevas personas, ven nuevas ciudades. Pero al cabo de un tiempo, aquellos que son listos comprenden que sus cuerpos son herramientas que han de afinar y cuidar. Que los papeles que representan no son más que el punto de partida: que lo que en realidad marca la diferencia es aquello que aportan a sus personajes. Es como la obra de Hamlet. El papel ya se ha representado un millar de veces. Pero ¿acaso Laurence Olivier lo interpretó de la misma forma que Kenneth Branagh?

Aprovechando los medios de los que dispones

Al entrar en la gran cúpula, vi que Valesca, una de las trapecistas, estaba mostrando a Cari cómo tenía que agarrarse a la barra del trapecio. Me acerqué a Johann, su entrenador, y me presenté. Mientras ambos las contemplábamos, me explicó que en realidad no estaba comprobando la destreza de Cari en el trapecio, era demasiado pronto para ello.

—Esta actividad es nueva para Cari —observó mientras ellas practicaban en el trapecio algunos balanceos básicos y transiciones—. El primer paso que debe dar es aprender a confiar en el trapecio y en su compañera. Al ser gimnasta, nunca lo había hecho hasta ahora.

Cari se agarró a las manos de Julia, la hermana gemela de Valesca, y entonces la trapecista, colgada cabeza abajo y asida a la barra con la parte posterior de las rodillas, balanceó a Cari en el aire para que pudiera sentir el movimiento.

—Repetimos muchas veces los ejercicios, hasta que llegan a hacerlos con una absoluta naturalidad —me explicó Johann.

»Una vez aprenden los movimientos básicos, se les empiezan a ocurrir un montón de ideas. Valesca y Julia son especialmente ambiciosas, la clase de artistas con la que me encanta trabajar. Quieren que su número haga historia, por eso siempre están intentando superarse a sí mismas. En los dos años que llevo trabajando con ellas, hemos hecho cambios importantes al menos media docena de veces. Y fueron ellas las que me los propusieron, lo cual me facilita mi trabajo.

»Aunque a veces, como es natural, se les han ocurrido algunas ideas que no tienen salida. Pero en lugar de decirles que no van a funcionar, les respondo: "Veamos si podemos ponerlas en práctica". No puedes limitarte a decirles "¡No, esto no funcionará!" porque dejarían de intentar superarse a sí mismas. Para seguir motivadas, tienen que sentir que yo me tomo en serio sus ideas y aportaciones.

»Queremos artistas que estén dispuestos a llevar sus números al siguiente nivel. Si tu actitud es "Ya estoy cumpliendo con mi trabajo", en este caso no estás cumpliendo con él. El público paga para ver algo más. Desea sentir la inspiración del artista.

»Gran parte de mi trabajo consiste en averiguar cómo voy a manejar a cada artista, ya que todos tienen personalidades distintas y además ¡pueden cambiar de una hora a otra! Hace sólo algunos meses tuve que hablar personalmente con un joven artista porque pensé que necesitaba que le dieran un pequeño consejo. Estaba empezando a comportarse como una diva: gritándole a menganito y a fulanito, quejándose sobre esto y aquello, haciendo mohínes y protestando. Normalmente dejo que los jóvenes actores descubran por sí mismos lo que está bien y lo que está mal. Pero en esta ocasión yo ya estaba bastante harto. Le hice llamar y le dije: "¿Te acuerdas de lo que hacías antes de entrar en el Cirque du Soleil? ¿Y qué harás si pierdes este trabajo?" Le dije que dejara de quejarse de una vez y que empezara a disfrutar de la buena suerte que había tenido. Se quedó un poco aturdido, era la primera vez que alguien le reprobaba su comportamiento. Pero captó mi mensaje. A partir de entonces su actitud ha cambiado mucho.

»Incluso el propio espectáculo está también cambiando sin cesar. Unos artistas se van, otros se unen a nosotros, otros se lesionan, a veces mientras están actuando ante el público. Tienes que saber cómo vas a hacer que todo funcione con los medios de los que dispones en aquel momento. Cada noche es para mí una gran incógnita. Pero supongo que también ocurre lo mismo con cualquier otro trabajo. El secreto está en tener a personas que pueden dar algo especial cuando los recursos son limitados.

Johann dejó de prestarme atención por unos instantes para fijarse en su nueva alumna, al tiempo que yo veía cómo Cari se lanzaba de la barra sin titubear para asirse de las manos que le tendía Valesca. La trapecista la agarró al vuelo y después de hacerla deslizar por el aire un momento, la soltó y Cari se posó en el suelo con gran soltura.

—¡Eso es, Cari! ¡Has estado maravillosa! —le gritó Johann.

Creando una comunidad

A últimas horas de la tarde me encontré con Philippe, uno de los payasos del Cirque du Soleil que Diane deseaba que conociera, porque según ella podría explicarme mejor que cualquier otra persona en qué consistía interactuar con los espectadores y hacerlos participar de la experiencia creativa.

Cuando llegué a su camerino, Philippe se estaba maquillando: se había aplicado una base blanca en el rostro y pintado unas espesas cejas negras. Como llevaba zapatos negros y calcetines blancos, pantalones anchos con tirantes, y pajarita y un gorro amarillo, parecía un colegial algo crecidito.

Me dijo que en realidad tenía treinta y cinco años, aunque sólo aparentara veinte. El papel que representaba era perfecto para él —sobre todo por su cara de niño, su físico y su forma de comportarse—, aunque debía de ser el quinto actor que lo interpretaba. Se tomó su tiempo en maquillarse, intentando plasmar una serie de expresiones faciales hasta que quedó satisfecho con los resultados.

—Si los espectadores supieran que tengo treinta y cinco años —dijo—, no podrían hacer volar su imaginación. Me verían como un adulto actuando en lugar de como un niño jugando. La mayoría de espectadores desean olvidarse de las reglas, pero necesitan una ayudita para lograrlo. Yo he de crear un mundo imaginario para ellos: si lo hago bien, entrarán en él conmigo.

Philippe había estado interpretando este papel en *Saltimbanco* durante los dos últimos años.

—Antes el papel lo representaba otro payaso llamado Pascal. Al principio yo me limitaba a imitarlo, pero al final mi personalidad se fue imponiendo. Él era más cínico que yo, un poco más provocador con el público, en cambio yo soy más bien como un niño bufón que está de parte de los espectadores. Esta actitud va mejor conmigo. He de interpretar a un personaje feliz, de lo contrario no me lo paso bien.

»Cuando hago subir a alguna persona del público al escenario antes de que empiece el espectáculo, mi objetivo es que esa persona y el público experimenten el universo alternativo en el que vive el niño al que interpreto. La mayoría de nosotros ¡hace ya mucho que dejamos de jugar como niños! Y yo insisto, de una forma amable, pero firme, en que sigan las reglas del mundo que estoy creando para ellos. Quiero que las personas que hago subir al escenario también se lo pasen bien. Quiero que sean los héroes de mi número. Les susurro al oído: "¿Puedes ayudarme?" Y normalmente lo hacen.

»Pero para que esto ocurra, tengo que lograr que confíen mucho, muchísimo en mí —mientras Philippe me lo decía, yo pensé que durante mi estancia en el Cirque du Soleil había comprobado que la confianza era como una especie de mantra en él—. Mi actuación también tiene que ser muy espontánea —prosiguió—, lo que el público verá esta noche en mi número no será igual a lo que haré mañana a la misma hora. Ese número es sólo para ellos. Por eso es tan especial.

»Y para ser sincero mientras actúas, debes ser sincero en la vida. Para el público es importante sentir que somos una comunidad, que estamos compartiendo una sensación de belleza, de dicha. Cuando yo lo siento así, todo parece ir sobre ruedas.

Fijándote en los detalles

Diane se las vio negras para conseguirme una entrevista con el actor envuelto en llamas de *O*, ya que esta imagen era la que me había conducido a conocer personalmente el Cirque du Soleil. Murray se encontraba en París porque actuaba en el estreno de *Saltimbanco* y deseaba explorar nuevas ideas para su propio número. Me encontré con Murray en la gran cúpula, él estaba contemplando en ella el ensayo de los actores. La primera pregunta que le hice fue de una aplastante obviedad:

—¿Has sufrido alguna quemadura durante tus actuaciones?

—Hace ya veinticinco años que actúo con fuego, de modo que es imposible evitar quemarse en algún momento. Los fontaneros se mojan sin querer y a los apicultores les pica de vez en cuando alguna abeja. Yo siempre utilizo los mejores materiales posibles, el combustible adecuado y la ropa y los geles que se venden para ello. Pero aun con todas estas medidas de seguridad, sigue siendo una actividad peligrosa. El récord del mundo de estar envuelto en llamas es de dos minutos y treinta segundos, y yo lo estoy durante dos minutos y quince segundos cada noche. Cada segundo está perfectamente calculado porque estos materiales sólo te protegen durante un tiempo muy limitado, si lo sobrepasas el fuego los destruye.

—¿El tiempo que estás envuelto en llamas en el escenario se te pasa volando?

—¡Qué va, al contrario! —exclamó Murray—. Mientras hago este número el tiempo se alarga, es como si todo ocurriera a cámara lenta. Unos pocos segundos parecen un minuto, y no sólo a mí, sino también a los espectadores.

Mientras estoy envuelto en llamas yo me tomo mi tiempo, camino lentamente arrastrando los pies, con lo que creo la ilusión de que he estado envuelto en llamas durante mucho más tiempo del que en realidad ha pasado. Y el resto del equipo hace un maravilloso trabajo distrayendo al público con sus rápidos intentos para avisarme, que ayuda a que parezca que yo reacciono incluso con más lentitud. ¡Para los espectadores la escena es desesperante!

Al preguntarle a Murray cómo empezó a actuar con fuego, me contó que llevaba haciéndolo desde los dieciocho años. Empezó trabajando con su propio espectáculo itinerante, y más tarde se unió a otros circos, hasta que un día lo llamaron para que actuara en el programa de David Letterman.

—Le envié una cinta en la que yo aparecía haciendo malabarismos con fuego. Me llamaron y me preguntaron: «¿Qué más sabes hacer?» Les dije que también podía hacer malabares de fuego y saltar una cuerda en llamas montado en un monociclo. «¡De acuerdo!» ¿Y sabes hacer alguna otra cosa más?» me preguntaron.

»En aquella época yo había empezado a diseñar un número en el que me lanzaba, encadenado, a un gran depósito lleno de agua, con gasolina ardiendo encima. Me dijeron "¡Sí, eso es lo que andábamos buscando!" El único problema era que yo aún no había hecho nunca ese número y que tenía que actuar ¡al cabo de una semana! Les dije que llevaría todo el material conmigo, pero que si no podía actuar con todas las medidas de seguridad necesarias, lo cancelaría. De modo que la primera vez que lo hice fue en *Letterman*. Al salir del depósito, se me incendió el pelo por unos segundos, ¡fue una escena de gran impacto visual! A Letterman le encantó. Prácticamente me invitó a volver a su programa cuando yo quisiera. Siempre que tuviera un número nuevo, podía actuar en él. Fui cinco o seis veces.

»Después todos los agentes que me habían soltado que los números con fuego no tenían porvenir empezaron a llamarme y a decirme que yo era un fenómeno.

—Quizá te gusta jugar con la muerte —le dije.

—¡Qué va, al contrario! —respondió él—. Cuando juego con fuego, sólo me arriesgo un poco. Sólo un loco no lo haría. La gente piensa que soy un tipo salvaje y chalado que haría cualquier cosa, pero en realidad es todo lo contrario. Cuando trabajo con fuego me gusta controlarlo todo: cualquier cambio en el entorno puede hacer que el fuego se comporte de una forma muy distinta. A veces incluso algo tan sencillo como abrir una puerta entre bastidores, una pequeña y graciosa acción puede convertirse en una escena aterradora en un abrir y cerrar de ojos.

»En una ocasión en la que iba a aparecer en un programa de una cadena local de televisión, acababan de encerar el suelo del plató. Les pregunté si podía tener algún problema y me aseguraron que no, pero por supuesto durante el ensayo el suelo se incendió y tuve que correr como un loco de un lado a otro para intentar apagarlo. Aquel mismo día tuve que hacer más tarde el número con mucho cuidado, sabiendo que si alguna partícula encendida de los objetos que yo utilizaba iba a parar al suelo, éste podría incendiarse fácilmente.

»He aprendido a fijarme mucho en los detalles, porque mi vida depende de ellos y porque al hacerlo sé que cada noche será algo distinta. Una noche me fijo en cómo el fuego reacciona cuando yo muevo el brazo derecho. Otra, en que las llamas prenden en el periódico de distinta manera que en los zapatos. Sea lo que sea lo que ocurra, cada noche lo observo con todos mis sentidos.

La flexibilidad

Al marcharme de la gran cúpula ya era de noche. Como sabía que Diane había hecho lo imposible para que yo conociera a Murray, reflexioné en lo que él me había dicho. Sin duda su argumento sobre la importancia de controlar el entorno y de fijarte en los detalles me había convencido. Sin embargo, no pude evitar preguntarme si algo más de lo que me había dicho no era incluso más importante aún. Pero antes de poder reflexionar sobre ello, oí a alguien gritar desde el aparcamiento: «¡Frank!» Era Maurice que me llamaba haciéndome señas con la mano para que me acercara a su coche.

—Algunos de nosotros vamos a tomar algo al lugar al que solemos ir para relajarnos. ¿Te vienes con nosotros?

Me subí al coche de Maurice y fuimos hasta un edificio cuadrado que se encontraba a un par de manzanas y que parecía más un almacén que un bar. No tenía ventanas, ni siquiera un letrero que lo identificara con un nombre. La puerta de entrada se confundía de tal modo con los ladrillos que de no haber sido por mi guía nunca la habría encontrado.

Al entrar oí la sensual voz de una cantante parisina sonando por los altavoces, mezclada con las risas y los numerosos dialectos de los empleados del Cirque du Soleil.

—¡Ah, aquí hay dos personas que has de conocer —dijo Maurice haciéndome señas con la mano para que me acercara a la barra: me presentó a Eman, un corpulento asiático de largas y negras patillas, y a Wally, un tipo alto y pelirrojo con acento neozelandés. Cuando otro grupo de personas le hizo señas a Maurice para que fuera a verlos, él me dijo amablemente que le disculpara porque tenía que ir a saludar a unos amigos.

—¿Sabes? —le dije a Eman—, te pareces a...

—Un Elvis asiático —me respondió—. Ya lo sé.

—Se lo están diciendo todo el tiempo —quien habló fue Wally—. En realidad, creo que a él le gusta que se lo digan, si no ya se habría cambiado ese horrible peinado. Me llamo Wally. ¿Eres nuevo en el Cirque du Soleil?

—Más o menos —contesté—. He estado entrenándome en Montreal. Pero soy un agente deportivo de Chicago. Una de mis clientas se acaba de incorporar al Cirque du Soleil hace sólo algunas semanas. Diane McKee creyó que sumergirme en la experiencia del Cirque du Soleil me ayudaría a traer a nuevos atletas a la compañía. Por eso ahora estoy conociendo cómo es vuestra vida itinerante. ¿A qué os dedicáis?

—Yo diseño disfraces —dijo Wally—, y Eman es director artístico y hace además un poco de todo. Aunque no es fácil intentar explicar exactamente qué es lo que cada uno de nosotros hacemos. Tal como Mark Twain dijo: «Analizar el humor es como intentar diseccionar una rana. Uno puede hacerlo, pero la rana muere en el proceso». Si esperas a que llegue tu musa para inspirarte, no te servirá de nada, aunque la estés esperando el día entero. Es como otro yanqui, Al Hirschfield, el dibujante de chistes, dijo: «Todos somos creativos y tenemos talento, pero no todos somos disciplinados». Gran parte del proceso creativo consiste en trabajar duro.

—Diane me ha comentado que vuestras mejores ideas se os han ocurrido mientras viajabáis —observé.

—A veces así es —asintió Eman—. Vinimos a París no sólo para ver el estreno de *Saltimbanco*, sino también para empaparnos de la energía artística de la Ciudad de las Luces.

—La diseñadora de los disfraces de *O*, el espectáculo acuático que se hace en Las Vegas, se fue a Venecia para inspirarse —añadió Wally—. Quería ver cómo el agua reflejaba los ciclos de la vida. Y acabó convirtiéndose en el tema principal del espectáculo.

—¿Qué es lo que os inspira a vosotros? —inquirí lleno de curiosidad.

—Los problemas —respondió Wally—. Cuando todo es demasiado fácil, me aburro. Si no hay ningún problema, hago sólo lo que se espera de mí en lugar de algo excitante.

—Siempre que pienso en los problemas, ¡me viene *O* a la cabeza! —añadió Eman poniendo sus ojos de Elvis Presley en blanco.

—Fue el espectáculo que más complicaciones nos presentó —dijo Wally coincidiendo con él—. ¡Aunque en realidad lo estamos diciendo todo el tiempo! Siempre estamos intentado superarnos, crear algo nuevo, algo audaz. En un nuevo espectáculo no puedes hacer las mismas cosas que en el anterior. Esto ocurrió sobre todo en *O*, porque era nuestro primer espectáculo acuático.

—Pero no queríamos que los problemas nos impidieran hacer lo que deseábamos poner en escena —dijo Eman—. No queríamos que el espectáculo acuático se hiciera pesado, sino que tenía que ser liviano, para que fuera divertido, *flexible*. En él aparecen actores lanzándose al agua, saliendo de ella, e ¡incluso caminando por encima! Pero para que todo esto fuera posible, antes tuvimos que experimentar con muchas ideas.

—Te pondré un ejemplo de mi propio trabajo para que lo entiendas mejor —añadió Wally—. Los creadores querían disfraces exóticos, con colores exóticos. Pero los artistas tenían que lanzarse embutidos en ellos al agua clorada dos veces cada noche. Para que el espectáculo acuático funcionara, debíamos encontrar materiales nuevos, colorantes nuevos, un maquillaje nuevo a prueba de agua. Todo cuanto hicimos en él empezó con una conversación con alguien que no pertenecía a nuestro departamento. El entrenador quería que los actores llevaran una ropa que no entorpeciera sus movimientos, ni siquiera cuando estuviese mojada, y el director quería que uno de los disfraces pareciera una cebra, otro la luna. Fuera lo que fuera, tuvimos que resolverlo nosotros. ¡Pero a mí esto me encanta! Lo peor que alguien puede hacerme es entregarme una página en blanco y decirme: «¡Crea algo!» Yo no soy un diseñador, sino un cortador. Me encanta trabajar con las ideas de otros, desarrollarlas, potenciarlas, superarlas. No entiendo a la gente que dice: «Mi trabajo no consiste en ser creativo». Hablar así significa que valoras muy poco tu trabajo.

—En nuestra compañía hay una chica que ha estado trabajando en el Cirque du Soleil durante cinco años como recepcionista —terció Eman—. Pero ahora también es música, porque en cierta ocasión que necesitaban a personas especializadas en instrumentos clásicos para un espectáculo que se estaba preparando se presentó a las pruebas y la seleccionaron para tocar en él.

—Ahora ella es un miembro de nuestros espectáculos itinerantes —añadió Wally—. Y para los disfraces de O, nuestro equipo tuvo que crear materiales nuevos que se secaran más deprisa, que fueran más elásticos y que conservaran el color durante más tiempo. Pero también tenían que ser más finos y elásticos que cualquier otro material de los que conocíamos, tenían que parecer más bien la piel de una foca o de una nutria que algo artificial. En lugar de intentar adaptar los disfraces que ya teníamos para el espectáculo acuático, creamos algo nuevo, algo mejor.

—¿Has oído hablar de Buckminster Fuller? —me preguntó Wally sin que yo supiera a qué venía esa pregunta.

—¿Es que no conoces a ningún filósofo asiático? —añadió Eman reprendiéndome.

Wally se echó a reír.

—Fuller dijo que cuando estaba empezando a diseñar algo para resolver un determinado problema que tenía no estaba intentando crear un objeto bello, pero que si al final no acababa siéndolo sabía que había fallado en algo. A nosotros también nos ocurre lo mismo. Primero sólo intentamos evitar el desastre. Pero al final, si no acabamos creando algo especial, sabemos que tenemos que trabajar más en ello. Los disfraces de O empezamos a diseñarlos sólo para resolver un problema y acabaron siendo geniales.

—En realidad, antes de empezar a diseñarlos para O, no sabíamos nada sobre los materiales más adecuados para el agua —recordó Eman—. Fue para nosotros toda una lección de humildad. Tuvimos que empezar de cero.

—Cada espectáculo parece presentarnos nuevos retos —señaló Wally—. En *Varekai* el director quería que la indumentaria de uno de los personajes principales fuera un tubo que debería ir evolucionando hasta convertirse en una oruga, quería que diseñáramos el disfraz con unas mangas llenas de pinchos. Pero no tuvo en cuenta que nuestros artistas ¡han de moverse mucho! O sea que tuve que resolver dos problemas: confeccionar unas mangas con pinchos y hacer que al mismo tiempo fueran muy flexibles.

»Empecé confeccionando una malla transparente y elástica, y después añadí algunas piezas de plástico para crear las mangas con pinchos. Mi primer intento fue una pesadilla: el disfraz era demasiado burdo, a la artista le resultaba imposible actuar con él. El segundo parecía un ¡dragón asiático! Pero una noche, mientras estaba obsesionado con el disfraz, al irme a la cama se me ocurrió una idea. Añadiría unas alas con una estructura de plástico para que pudieran expandirse y transformar a la artista sin limitar sus movimientos. El disfraz era fluido, flexible y fuerte al mismo tiempo.

»Al día siguiente fui un poco antes a trabajar para empezar a confeccionarlo. Quería comprobar por mí mismo si las alas se desplegarían. Primero hice un pequeño modelo y descubrí que sí, ¡que iba a funcionar!

»De modo que confeccioné un modelo a escala real y se lo mostré a Tai, una compañera de trabajo. El modelo le pareció muy original, pero dijo que aún había que perfeccionarlo. Así que nos pusimos a generar ideas, intentando prever los problemas: éste costará demasiado de hacer, ese otro se va a romper, aquél no va a durar lo suficiente. Cuando los dos trabajamos en equipo, se nos ocurren unas ideas increíbles al instante. A veces Tai y yo llegamos al mismo resultado desde distintos puntos de vista. En realidad, el Cirque du Soleil hace trabajar juntas a personas de distintos orígenes y personalidad esperando que se les ocurra algo más original. Cuando trabajo con Tai, sé que no estoy solo ante el problema. Y juntos encontramos la solución adecuada.

Aprendiendo a confiar

Cuando al día siguiente llegué por la tarde a la sede del Cirque du Soleil, los actores estaban un poco nerviosos.

Había llegado el momento decisivo: ahora iban a averiguar si conquistarían París. Los artistas se encontraban en la carpa haciendo estiramientos, repasando en silencio sus ejercicios y maquillándose.

Al empezar el espectáculo, me impactó la música que se escuchó, una fusión de muchos estilos distintos, desde percusión argentina hasta ópera. Johann ya me lo había dicho el día anterior: «Al proponer al compositor que creara una pieza musical en la que el tema principal fuera la vida urbana, él lo consideró como un gran reto. Por eso intentó imaginar qué clase de música oiría si condujera por una ciudad como Nueva York con las ventanillas del coche bajadas: oiría toda clase de música, desde rock y ritmos africanos, hasta música clásica. Y esto es lo que intentó reflejar, los diversos sonidos de la vida urbana en una ciudad cosmopolita».

Al cambiar el ritmo de los tambores, empezó el primer número. Yo ya había visto a los tres primeros actores —un hombre, una mujer y un niño— ensayando el día anterior. El niño era hijo de la pareja de actores. «Cuando era muy pequeño —me había contado Johann—, le preguntó a su madre: "¿Por qué todos trabajáis menos yo?" Él también quería actuar».

Cuando el número de aquella familia estaba a punto de llegar a su espectacular fin, el padre se puso a balancear suavemente por encima de su cabeza a su hijo, que permanecía con los brazos y las piernas entrelazados en forma de ocho, describiendo unos círculos cada vez más amplios. Al abandonar la familia el escenario central, Philippe, el payaso, saltó a él para reemplazarlos. Al cabo de poco eligió a un espectador que se encontraba en la tribuna y lo convenció para que pasara por una puerta imaginaria. Aquella persona le complació pasando a gatas por el cuadrado invisible que Philippe había trazado en el aire dejando su viejo mundo atrás.

Tras abandonar el escenario, Philippe fue a comprobar si su maquillaje necesitaba algún retoque. Unos minutos más tarde se acercó a mí saludándome con la mano. Yo le felicité por la calurosa ovación que el público le había dedicado.

—Gracias —dijo Philippe—. Aunque el mérito no es mío sino del espectador que elegí de entre el público. En realidad, no estaban aplaudiendo su destreza, sino su valor por dejarse ir y confiar en mí ante todas aquellas personas. De hecho, él hizo lo que todos nosotros hemos de hacer para ser creativos, para seguir estando vivos: ¡bajó la guardia y se lanzó al vacío!

—¿Cómo eliges a tus voluntarios? —le pregunté.

—¡Una buena pregunta! —respondió—. No los elijo al azar. Cuando el espectáculo empieza, me paseo por entre el público cubierto con una máscara y un disfraz distinto e intento leer a los espectadores. Este trabajo te enseña la importancia de fijarte en el lenguaje corporal.

»Si no quiero correr ningún riesgo, elijo a un tipo de aspecto amistoso y al mismo tiempo tímido, porque sé que casi siempre accederá a hacer lo que yo le pida. Pero cuando quiero arriesgarme, elijo a un tipo más alto y corpulento, alguien con barba sentado con los brazos cruzados, como si estuviera manteniendo el mundo a raya. En este momento me siento lo suficientemente fuerte como para desear correr esa clase de riesgo.

—¿Y si se niega a hacer lo que le pides?

—¡Ahora lo comprobaremos! —me respondió Philippe con una sonrisa.

Después de pronunciar estas palabras, dio unas alegres palmadas y saltó al escenario para iniciar el segundo número. Se paseó por los pasillos, escuchando cómo reaccionaba el público cuando él simulaba detenerse ante esa persona o aquella otra, para que todas creyeran que las iba a hacer salir al escenario. Philippe se detuvo al final ante un fornido tipo de unos cincuenta años y le pidió con la mirada si podía ayudarle. La multitud respondió soltando unas sonoras carcajadas, pero por la severa expresión de aquel espectador se podía ver que Philippe iba a tener problemas. Él, sin inmutarse, le hizo señas con la mano pidiéndole que se levantara. Después le ofreció su mano para que el espectador se la estrechara y, al ver que no obtenía ninguna respuesta, intentó entrechocar su mano con la de aquel hombre como hacen los deportistas.

Pero el tipo seguía con los brazos cruzados y el ceño fruncido, resistiéndose a todos los intentos de acercamiento de Philippe. Al final hizo un gesto al público para que dedicara a aquel espectador una bonita salva de aplausos y luego le dio un infantil abrazo.

Al cabo de poco Philippe encontró a otro voluntario. Esta vez el espectador accedió a participar en el juego e hizo girar alegremente el revólver imaginario que Philippe le había entregado. Y los dos se divertieron manteniendo un bobo tiroteo al estilo de las películas del Oeste. Al mirar a mi alrededor, descubrí que no sólo los niños estaban disfrutando con la escena, sino que todos los espectadores estaban sonriendo, incluso aquel que se había negado a participar.

Después de que Philippe abandonara el escenario, empezó a sonar el crescendo final de *Saltimbanco*. Una cantante, ataviada con un tocado con plumas y un brillante vestido, se puso a interpretar el aria operística del espectáculo mientras cuatro trapecistas, ataviados con unos bellos disfraces tan blancos que parecían palomas, salían a la pista central. Mientras giraban y se lanzaban por el aire en una serena danza, yo contemplaba ora sus hazañas aéreas, ora la legión de exóticas criaturas bailando a sus pies. Caí en la cuenta de que *Saltimbanco* no era una historia sino muchas al mismo tiempo. Pero al unirse creaban algo mucho más inmenso que ellas mismas. En cualquier momento de la actuación, al apartar mi vista del centro del océano, podía ver cualquier otra historia totalmente distinta. En ese sentido, reflejaba lo que yo había experimentado en el Cirque du Soleil. Cada una de las personas que había conocido en él no era más que una nota que formaba parte de una gran sinfonía, pero cada una de ellas era totalmente esencial.

Después de que el espectáculo alcanzara su culminante fin, salió al escenario toda la compañía para saludar al público y disfrutar de la calurosa ovación que se habían ganado. Los actores se sacaron entonces las máscaras, fue un emotivo momento que permitió a los espectadores conectar con ellos a otro nivel.

—Me encanta cuando nos retiramos del escenario y el público nos pide que volvamos a salir —me dijo Philippe mientras él y los otros artistas se dirigían a los camerinos—. Cuando nos sacamos las máscaras y los sombreros, estamos revelando a los espectadores nuestras almas, nuestra humanidad, les estamos mostrando que en realidad somos como ellos. Que si nosotros podemos hacer esas hazañas, ellos también pueden.

—Siento mucho que el primer voluntario al que elegiste fuera tan difícil —le dije refiriéndome a su actuación en el segundo número.

—Al contrario —me respondió—. Él ha hecho que esta noche haya sido especial, porque con su comportamiento el público ha visto que el espectáculo es real, que no todo está preparado, que nosotros también corremos riesgos. A la gente le gusta esta clase de situaciones. Cuando el niño al que yo interpreto abraza a aquel tipo fornido, va a buscar tristemente a otro voluntario y se anima al encontrarlo, ¡esa escena es maravillosa! ¡Es la vida misma!

»Yo no me arrepiento de mis fracasos, sino de las cosas que no hago porque me dan demasiado miedo, porque no quiero abandonar mi cómoda y segura rutina. El público puede aprender una lección de esta situación. El primer voluntario no confiaba en mí. En el fondo me estaba diciendo: "No me hagas hacer el payaso". Pero no era él sino yo el que estaba intentando hacer payasadas, sólo necesitaba su ayuda. El segundo voluntario, en cambio, venció sus miedos, no se preocupó por lo que la gente pudiera pensar de él, sino que confió en mí. Y se convirtió en un héroe.

»Si quieres vivir plenamente la vida —añadió Philippe con una sonrisa—, tienes que confiar tanto en ti como en los demás.

Al día siguiente volvía a encontrarme en el aeropuerto Charles de Gaulle para regresar a Chicago. Mi aventura en el Cirque du Soleil estaba tocando a su fin. Gracias a lo que había visto, oído y experimentado en él, ahora sabía con absoluta certeza que iba a vivir mi vida con más creatividad. Pero también sabía que Diane, aparte de querer que abordara mi trabajo con una distinta actitud, deseaba ofrecerme otra serie de herramientas, inspirarme para que mi trabajo volviera a apasionarme. Mientras esperaba en la cola para el control de seguridad del equipaje, me puse a pensar en algo que Diane me comentó que le había dicho uno de los diseñadores: que había tenido en cuenta, mientras concebía *Quidam,* un espectáculo con un decorado que sugería una estación ferroviaria: «Puedes subirte a un tren o a otro, cambiar la dirección de tu vida». Ahora veía con claridad por qué Diane deseaba tanto que yo hablara con Murray, el actor que hacía malabarismos con fuego. Sólo después de haber salido por televisión los agentes empezaron a llamar a su puerta. Si hubieran estado más abiertos al hablar con un posible nuevo cliente *antes* de que éste apareciera en las portadas de los periódicos, podrían haber acabado representándole. ¿Había caído yo en el mismo patrón que ellos? ¿Había perdido mi habilidad para descubrir a atletas con talento antes de que se hicieran famosos?

Ahora sabía que debía recuperar mi pasión, la chispa creativa. Para lograrlo sólo tenía que recordar cómo me sentía cuando mi viaje no había hecho más que empezar.

Epílogo
Descubriendo la perla que hay en tu interior

El oficio de entrenador

Varios meses más tarde me encontraba ya de nuevo en Las Vegas. A Cari le habían pedido que interpretara uno de los personajes de *KÀ* durante varias semanas y yo había ido a ver su debut.

La primera noche que pasé en Las Vegas, la noche anterior al debut de Cari, recibí una entrada de Diane para ir a ver *Mystère,* el primero de los espéctaculos fijos del Cirque du Soleil en Las Vegas. Mientras caminaba por el paseo alfombrado que llevaba a la gran sala del teatro, se me acercó un anciano ansioso por echar un vistazo a mi entrada. Parecía un científico loco y excéntrico: llevaba mocasines negros, unos elegantes pantalones del mismo color, camisa de etiqueta y americana negra, y su encrespado cabello canoso le sobresalía por los lados del rostro. Me condujo hasta mi butaca aparatosamente. Después de que yo tomara asiento, sorprendió a la mujer que estaba sentada a mi lado diciéndole adiós con la mano al alejarse. El público se echó a reír.

La había convertido en parte del espectáculo.

Los que ya estábamos sentados en las butacas contemplamos cómo el gracioso acomodador seguía haciendo de las suyas. Después de verificar las entradas de una pareja, hizo que el hombre sostuviera su linterna y luego rompió las entradas ante sus narices, a continuación condujo a algunas personas a sus asientos haciéndoles pasar por encima de las butacas en vez de acompañarles por los pasillos, echó a otro espectador de su butaca para sentarse él en su lugar y escoltó a unos asombrados «invitados» a lo largo de una serpenteante visita por todo el teatro hasta dejarlos al fin en los asientos más alejados del punto de partida. No cesaba de derramar sin querer palomitas, que le caían encima y sobre las filas de espectadores.

Sus proezas, como es natural, provocaban sonoras carcajadas, pero lo más importante era que estaba creando un vínculo con el público, haciéndole participar de las bromas del circo, derribando las barreras entre los artistas y los espectadores, incluso antes de que la representación empezara. Diane me había contado, meses antes, que el personaje al que daba vida el payaso era crucial en la historia de *Mystère*. El travieso y en cierto modo cascarrabias acomodador era una especie de Caronte, atrapado para siempre en un limbo entre el mundo real y el mundo del espectáculo. Para poder entrar realmente en el mundo de la imaginación, primero has de reírte de esta clase de embaucadores, pero al final debes encontrar tu propio camino.

El espectáculo era, por supuesto, emocionante, entre otras razones porque yo mismo había practicado algunas de las acrobacias aéreas que aparecían en él. Mientras los seis artistas se lanzaban alrededor de los trapecios *bungee* a modo de aves fénix volando, me sentí como si estuviera reviviendo un sueño.

Al terminar el espectáculo, cogí un taxi para ir al hotel Bellagio y encontrarme con Diane, que había ido a Las Vegas para preparar un nuevo número. Ella y algunos artistas del Cirque du Soleil se habían reunido, después del primer espectáculo de la noche, en una sala del teatro donde se representaba *O*.

Al entrar en la sala para encontrarme con ella, Diane me dio un efusivo abrazo. Sus ojos le brillaban de energía, parecía llenar la habitación de electricidad. Pero lo que me sorprendió fue lo contenta que parecía de verme, había algo en mi mirada que le había llamado la atención y sin duda le gustaba lo que acababa de ver.

—Tus ojos se ven tan despiertos, tan atentos a lo que hay a tu alrededor —dijo—. Y además has perdido peso, ¿verdad?

—Pues tú también estás radiante —respondí sosteniendo sus manos—. Y tienes razón. He perdido peso. En general, ahora me siento mucho más activo. Gracias a ti —añadí inclinando ligeramente la cabeza en un gesto de aprecio—. Fuiste tú la que hizo que todo esto me ocurriera, la que me abriste todas aquellas puertas en el Cirque du Soleil.

—Tal vez sea así. Pero el viaje, el duro trabajo que ha supuesto para ti, lo has hecho tú. Me alegro de haber podido ayudarte a abrir algunas puertas. Pero ya has visto a Philippe actuando en *Saltimbanco*. Aunque dibuje una puerta en el aire, a no ser que alguien del público tenga el coraje de cruzarla, es como si hubiera dibujado una puerta de ladrillos —observó—. Y no tienes por qué agradecérmelo. Me basta y me sobra con ver que vives expresando todo tu potencial.

Desde que crucé las siete puertas del teatro donde se representaba *KÀ* mi vida ha cambiado de innumerables formas, tanto pequeñas como grandes. Aún vivo en Chicago, sigo trabajando en la agencia, pero esto es lo único que tiene en común mi nueva vida con la anterior. Al volver a mi trabajo, lleno de renovada energía, Alan me ofreció la oportunidad de ocuparme de nuestros dos clientes más importantes, el ganador del trofeo Heismann del año anterior y el escolta del equipo de la NBA que contribuyó a ganar los desempates este año. Alan me contó que quería que yo tuviera una mayor participación en la compañía. Decliné su oferta, aunque le aseguré que era precisamente lo que yo deseaba. Pero le dije que esperaba conseguirlo de una forma muy distinta. Le propuse crear un Departamento de Nuevos Talentos dirigido por mí. En él nos dedicaríamos a volver a trabajar en lo que yo más amaba: viajar a institutos y universidades que se encontraban en otros estados y apostar por un chico del que nadie había oído hablar. A Alan le encantó la idea. Ahora que iba a concentrarme en dar forma y guiar las carreras de nuestros clientes más jóvenes, mi trabajo era menos relevante pero infinitamente más gratificante que antes. Ahora me sentía mucho más estimulado, más creativo, que cuando me ocupaba simplemente de hacer ofertas al último héroe del Super Bowl, ya que tenía que intentar descubrir quién podía ser nuestra siguiente estrella y pensar cómo haría que un joven desconocido se convirtiera en una persona famosa. En lugar de pensar en lo que ganaría a corto plazo, ahora estaba ayudando a mis nuevos clientes a fijarse unos objetivos a largo plazo en sus carreras. Lanzar al estrellato a alguno de mis protegidos, un joven jugador de hockey sobre hielo o un gimnasta en ciernes, era una empresa mucho más difícil —y arriesgada—, y sin duda me equivocaría en algunas ocasiones, pero también tendría algunos éxitos sorprendentes. Y, además, sabía que mi antiguo departamento estaría en buenas manos, nuestros agentes más jóvenes iban a ocuparse de él, ya que yo les había dado la oportunidad de aumentar sus habilidades y desempeñar papeles más importantes.

Mi trabajo volvía a apasionarme. Al convertirme en el mentor de los agentes más jóvenes, había ayudado a crear una atmósfera de colaboración. Y como agradable resultado, el negocio de la agencia estaba en auge.

Mi vida había dado un giro positivo. Volvía a ir a nadar al final de mi jornada laboral. Estaba saliendo con una mujer que había conocido en la piscina. Y aún seguía yendo a Montreal de vez en cuando para trabajar con Diane y el Cirque du Soleil identificando a los atletas que merecían presentarse a una audición.

La vida me sonreía.

Mientras Diane me conducía al centro del grupo formado por los numerosos artistas que se habían reunido en la sala, me dijo:

—Esta noche ha venido alguien que me gustaría que conocieras. Es una persona que ha trabajado mucho para superar tremendos obstáculos y convertirse en lo que en la actualidad es. Se trata de una nadadora, la primera que conoces en el Cirque du Soleil, si no me equivoco. Pero eso no es lo único que tenéis en común; Karine, al igual que tú, ha visto cómo las decisiones que ha tomado, y algunas de ellas no han sido fáciles, le han cambiado por completo la vida.

Lleno de curiosidad, seguí a Diane hasta la sala de descanso de los actores. Una mujer alta y hermosa, con una larga melena rubia tirando a rojiza y un vestido veraniego, se acercó a nosotros desde los bastidores llevando a un bebé en brazos.

—Te presento a Karine —dijo Diane—, y esta preciosidad —añadió inclinándose para echar una afectuosa miradita a la pequeña— es Cherie. ¡*Bonjour,* Cherie!

Karine se había criado en Montreal, donde, cuando tenía sólo diez años, se sintió entusiasmada por la gimnasia al ver por la televisión a Nadia Comaneci, la joven gimnasta rumana ganadora de tres medallas de oro y una de bronce en competición individual.

—Quería ser gimnasta, pero saltaba a la vista que era demasiado alta —me contó Karine—. ¡Sobrepasaba en un palmo a las otras chicas de mi edad! Pero como soñaba con serlo, no cesé de intentarlo hasta conseguirlo.

»Después de la sesión de gimnasia, me iba a la piscina y permanecía en ella una hora mientras esperaba que mi madre viniera a recogerme. Como era alta y atlética, nadaba con rapidez. Uno de los entrenadores al verme me preguntó si quería formar parte de su equipo. ¡Al principio era maravilloso! No hacía más que ganar competiciones. Incluso dejé aparcada la gimnasia. Pero al cabo de un tiempo perdí el interés, hacer cientos de largos, mañana y noche, se volvió aburrido para mí.

»En aquella época llegaba un poco antes a la sesión de la noche para ver cómo entrenaba un equipo de natación sincronizada. Era fascinante. Esta clase de deporte estaba entonces empezando a nacer y me pareció que era la combinación perfecta para mí, porque unía la natación con los ejercicios gimnásticos, que era lo que a mí me gustaba. De modo que decidí formar parte del equipo.

»Nadar con rapidez exigía un gran esfuerzo, pero las sesiones de natación sincronizada ¡eran una gozada! Me gustaba la libertad que me daban. No teníamos que movernos a lo largo de un carril, nadando de un extremo a otro de la piscina como autómatas, sino que hacíamos formas, girando de este modo y rotando de ese otro, trabajando en equipo para crear algo bello.

»Las competiciones de natación dejaron de atraerme al cabo de poco. Así que le dije al entrenador que iba a dejar el club de natación para formar parte del equipo de natación sincronizada. Se quedó atónito y destrozado. No me resultó fácil comunicárselo, porque era muy buen entrenador: duro y al mismo tiempo afectuoso y dedicado. Todo el mundo creyó que me había vuelto loca. Pero a veces tienes que dar un salto al vacío como éste.

»Cuando empecé a practicar la natación sincronizada, supe al instante que era el deporte ideal para mí. No era demasiado buena, pero como me gustaba tanto progresé con rapidez. Al cabo de dos años ya formaba parte del equipo nacional, y cuando se estaban preparando los Juegos Olímpicos del 92, me seleccionaron para realizar el solo de mi equipo de natación sincronizada. Un día comprendí que como tenía que representar un papel tan importante para mi equipo necesitaba mejorar un poco mis brazadas, y le pedí a mi antiguo entrenador que me ayudara. Él me había enseñado a nadar y se merecía estar ahora conmigo. Era un hombre muy duro, pero al pedírselo ¡vi que se le empañaron los ojos! A mí también se me llenaron de lágrimas.

»Mientras me preparaba para los Juegos Olímpicos del 92, la vida me parecía maravillosa. Tenía veintiséis años y la oportunidad de ganar una medalla en la categoría individual de natación sincronizada para mi país, y además salía con un famoso locutor deportivo. Íbamos a ir a los Juegos juntos. ¡Éramos la pareja perfecta!

Karine hizo una pausa para contemplar a su diminuta

hija con una extraña y nostálgica mirada y luego volvió a levantar la cabeza.

—Marc murió de forma inesperada un mes antes de los Juegos —añadió ella serenamente—. Ahora creo que todos podemos decidir qué queremos hacer con nuestra vida, a diario. Y yo podía elegir cómo iba a responder a ese trágico suceso. Me sentía triste, deshecha, destrozada, pero podía elegir. Una semana después de la muerte de Marc tomé una decisión: «Voy a seguir viviendo, voy a participar en los Juegos Olímpicos».

Miré a Diane cuando Karine pronunciaba estas palabras. Yo no había contado nunca a nadie lo de mi amigo Mike, y al fijarme en sus ojos no vi nada en ellos que me indicaran que sabía que la pérdida de mi amigo me había empujado en parte a decidir pasar una temporada en el Cirque du Soleil. Aunque supuse que después de haber estado ella tanto tiempo en él, había aprendido a reconocer no sólo las almas perdidas, sino también cómo ayudarnos exactamente a encontrarnos a nosotros mismos de nuevo.

—No me importaba si iba a ganar o no —prosiguió Karine—, lo único que quería era participar en los Juegos. De algún modo logré sobreponerme y ganar la medalla de oro. Pero mis problemas no habían terminado aún. Debido a un error de los jueces, me quitaron la medalla y tuve que esperar un año antes de que me la concedieran.

»En los Juegos Olímpicos del 96, nuestro equipo sorprendió al público al ganar la medalla de plata en la competición por grupo. Mientras estaba en el podio lo único que me importaba era que aún seguía con mis compañeras de equipo. Todavía pertenecía a él, aún no me había rendido. Y si hoy he llegado hasta aquí, es por haber vencido esta clase de retos.

Al decirlo me miró directamente a los ojos y luego bajó la mirada para contemplar a su hija.

—En los Juegos Olímpicos aprendí también algo más —añadió—. En realidad, no me gustaba demasiado competir. Yo no estaba con mi equipo cada día por esta razón, sino porque me gustaba formar parte de él, hacer algo activo, bello y original.

»Por eso quise formar parte del Cirque du Soleil. Nuestros espectáculos, en lugar de tener que ver con ser mejor que la persona que tienes al lado, tratan sobre ver los horizontes que se extienden ante ti y sobre cómo intentar alcanzarlos. De ahí que para mí haya sido tan positivo y natural dejar la natación para dedicarme a ser entrenadora, aunque en realidad me considero más bien una profesora.

»Hay una diferencia entre desear competir y desear participar —observó—. Entre ser atleta y ser artista. Y ahora estoy aprendiendo la diferencia entre ser entrenadora y profesora. Para mí, un entrenador ha de motivar a todo el equipo. Aunque yo pueda soltar un motivador discurso ante un centenar de personas, lo que de veras me gusta son las relaciones más estrechas que mantengo con mis alumnos. Para mí ser una profesora consiste en esto: en mantener una relación de persona a persona, en trabajar con alguien personalmente para mejorar su técnica, en ayudarle a comprender quién es.

»En el Cirque du Soleil has de conmover a los espectadores cada noche —prosiguió Karine—. Y para conseguirlo, debes encontrar la perlita que hay en tu interior y ofrecérsela. Cuando enseñas algo a alguien, le estás enseñando a descubrir la perla que lleva dentro. Y cuando veo que la encuentra y la comparte con el público, siento que he conseguido algo.

»Piensa en cómo se crea una perla: a partir de un grano de arena, de un agente irritante. Todo cuanto me gusta de mí empezó con un grano de arena: ser demasiado alta para dedicarme a la gimnasia, optar por la natación sincronizada, perder a mi prometido. Todas estas cosas fueron dificultades, pero en cada ocasión tomé la decisión de seguir adelante, de utilizarlas para perfeccionarme.

»Todos tenemos estos granos de arena. Pero hemos de alimentarlos, de embellecerlos. En una ocasión trabajé con las hermanas gemelas que actúan en el trapecio doble de *O*. Les dije: "No quiero ver el trapecio, quiero veros a vosotras. Al igual que no quiero ver el agua al contemplar a una nadadora sincronizada, ni el martillo al ver construir bellos armarios, ni la paleta al contemplar a un pintor". Quiero que nuestros artistas sean ingrávidos y libres. Y para poder lograrlo, han de encontrar la perla que hay en su interior.

»Si eres atleta, el entrenador te dice: "¡Hazlo a mi manera!", los jueces juzgan si eres buena o mala en tu especialidad, según aquello que consideran correcto. Pero en el Cirque du Soleil no es así, aquí te decimos que seas tú mismo. Por eso me gusta tanto mi trabajo. Porque me permite conocer a muchos artistas y, al mismo tiempo, pasar un rato con cada uno de ellos. Ni siquiera lo considero un trabajo, para mí es una enriquecedora experiencia.

»¿Los que trabajamos en el Cirque du Soleil estamos estresados? ¡Sí! ¿Nos quejamos a veces? ¡Claro! Pero ¿nos gusta nuestro trabajo? ¡Sin duda! A nosotros nos pagan para que hagamos soñar, volar y ayudar a la gente a escapar de sus vidas. A veces cuando veo alguno de nuestros espectáculos, escucho los comentarios de los espectadores, y al abandonar el teatro les pregunto qué les ha parecido. Si me responden: "Ahora no puedo contestarte, estoy aún demasiado emocionado", me siento feliz; ésa es precisamente la sensación que deseamos provocar.

»Yo creo que incluso Celeste, mi hija mayor, se ha contagiado del espíritu del Cirque du Soleil. Antes se asustaba con el maquillaje y los disfraces, hasta que una noche, mientras estábamos sentadas en primera fila, el Lagarto de *Mystère* le susurró acercándose a nosotras: "No tengas miedo", y luego le guiñó el ojo. ¡Y ahora a ella le encantan! Le encanta Gerard, el payaso que hace de alocado acomodador, porque a él le dejan arrojar las palomitas por todo el teatro. Celeste me dice: "Cuando sea mayor voy a tener mi propio espectáculo y seré un payaso con una gran nariz rosa". Mientras cenamos, utiliza el tenedor y la cuchara como si fueran dos marionetas y les hace decir: "¡*Mesdames et messieurs,* damas y caballeros, bienvenidos al Cirque du Soleil!"

»La mayor parte de nuestra vida la pasamos en una jaula, cantando en ella la misma canción día tras día. Pero la vida no consiste en vivir en una jaula, sino en volar.

Dando algo a cambio

La siguiente noche Cari debutó en *KÀ*. Al entrar de nuevo en el gran teatro, comprendí que mi viaje había dibujado, por fin, un círculo completo. Había viajado por el mundo sólo para regresar a mi punto de partida.

Cari interpretaba el papel de una de las arqueras que se abrían camino zigzagueando por entre los espectadores y trepaban a las pasarelas que colgaban sobre sus cabezas antes de que el espectáculo empezara. ¡Se moría de ganas de hacerse sus tatuajes en espiral de *henna* y ponerse el disfraz! Como llevaba una máscara que le cubría la mitad inferior del rostro, supuse que no podría reconocerla. Pero al intentar verla entre los guerreros que escalaban las pasarelas del teatro, tuve la sensación de que uno de ellos me había guiñado el ojo.

Al terminar el espectáculo, Diane me dijo que había una última persona que quería que yo conociera. La seguí por los largos pasillos del teatro donde se representaba *KÀ* y al final nos encontramos con una esbelta y atlética mujer que vestía un traje chaqueta de color rojo intenso. Diane me la presentó diciéndome que se llamaba Monique y que era la entrenadora de las contorsionistas de O.

—Encantado de conocerte —dije.

—Es un placer. En Mongolia cada familia querer que hija sea contorsionista —observó ella en un inglés algo imperfecto—. Al nacer, hacer al instante pruebas ¡para comprobar su flexibilidad! Aparte del fútbol, ser el único deporte internacional que tenemos.

—Para una chica es una de las pocas formas que hay de poder salir de su pueblo —terció Diane—, un lugar posiblemente con pocas comodidades y tecnologías modernas.

—Muchas chicas trabajar duro para convertirse en contorsionistas —dijo Monique—. Todas querer llegar a la cima. ¡Por eso yo trabajar tanto!

»Nuestros entrenadores nunca gritar. No necesitar hacerlo. ¡Pueden mostrarnos su enfado sólo con la mirada! Empiezan a entrenarnos desde nuestra tierna infancia y pasan mucho tiempo con nosotras. Es muy alentador, ellos criarnos con amor.

»A los nueve años saber que éste era mi futuro. A los once, yo ya actuar en el circo y recibir los aplausos del público.

»En el circo no sólo se aprende contorsionismo, sino también a actuar. Mi entrenador decirme: "No pienses que es sólo un número. El público desea ver un espectáculo, ¡verte a ti!, la artista"».

—¿Cómo llegaste al Cirque du Soleil? —le pregunté.

—¡Ser un viaje muy duro! —respondió Monique—. Mongolia es un país comunista. Uno no poder ir demasiado lejos. Así que al caer el muro, para nosotros ser como un sueño. Me uní al circo en Alemania.

»En el circo tradicional de Mongolia no haber coreografía. Pero en el Cirque du Soleil es como un teatro. Yo también querer trabajar así. Pero ya tenía treinta años, ¡ser demasiado mayor para el contorsionismo! Pero llamé a Diane, y al verme, les gusté. Tuve que decirles la verdad. ¡Pero ellos no creer mi edad! Al mostrarles lo que sabía hacer, decirme: "¡Vente con nosotros!"

»Todavía hago algunas contorsiones, pero ahora me dedico más a entrenar. En el Cirque du Soleil he aprendido muchas cosas. Ahora enseño lo que yo aprender: la danza, las transiciones y los movimientos son tan importantes como la técnica del contorsionismo.

»Así que yo hacer realidad mi sueño. Y también progresar. Ahora no ser sólo una atleta, sino una artista y una entrenadora. Cuando recibes tantas cosas, como a mí me ha ocurrido, quieres dar algo a cambio. Cuando la gente ve nuestros espectáculos, eso es lo que ve: artistas no sólo haciendo sus trabajos, sino dando también algo al público. Y el público lo sabe.

Mientras abandonábamos el despacho de la entrenadora y cruzábamos el teatro, vi a un pequeño grupo de gente alrededor de una chiquilla que estaba haciendo calentamiento entre bastidores. Diane me contó que aquella niña,

Sofia, era la hija de Manny, una música que actuaba en O. Aunque sólo tenía siete años, ya estaba aprendiendo contorsionismo. Monique dejó un pequeño altavoz en el escenario y pulsó el botón del aparato para que la música sonara. Y entonces Sofia, con una gran naturalidad, empezó a realizar su número, toda una novedad: una combinación de contorsiones mongoles y de danza senegalesa.

La danza de Sofia era en parte un rito tribal, en parte danza del vientre y en parte ejercicios gimnásticos. Se movía ágilmente por el escenario y al final acabó tendida boca abajo como si fuera a realizar flexiones. Después dobló las piernas hacia atrás por encima de los hombros hasta tal punto que habría podido rascarse la nariz con el dedo gordo de los pies si lo hubiera querido.

Pero lo que más me llamó la atención de ella fue la calidez de su sonrisa y sus límpidos y expresivos ojos. Pocas veces en mi vida había visto a alguien tan presente, tan vivo.

No pude evitar sonreírle y decirle adiós con la mano.

Como tenía las manos extendidas en el suelo para mantener el equilibrio, me saludó, a modo de despedida, con el pie derecho. Y entonces comprendí que ése era precisamente el espíritu creativo del Cirque du Soleil, la chispa creativa que arde en nuestro interior: tan inocente y poderosa como el improvisado saludo de despedida que una niña te hace con el pie.

Agradecimientos

En *La magia*, la gente del Cirque du Soleil habla sobre la importancia de la inspiración, la colaboración y la confianza en cualquier esfuerzo creativo. Puedo asegurarles que las personas involucradas en este libro practicaron con el ejemplo lo que predicaban en cada momento.

En primer lugar quisiera agradecer a Roger Scholl, Director Editorial de Currency Doubleday, y a Sarah Rainone, editor en Currency Doubleday, quienes me pidieron que contribuyera a escribir este libro. Ellos dos amalgamaron las visiones de media docena de personas y las convirtieron en una sola historia coherente. Y lo hicieron con aplomo y buen humor.

Mi deuda con mis nuevos amigos del Cirque du Soleil es igualmente inmensa. No se limitaron a franquearme las puertas, me invitaron a lanzarme de cabeza a la piscina más cálida del mundo. Lyn Heward no sólo creó este libro; coreografó mi gran aventura y fue mi ángel de la guarda durante el *tour*. Suya es la audaz idea de darme la oportunidad por la que millones de *fans* del Cirque du Soleil matarían: convertirse en miembro de la familia del Cirque durante unos cuantos meses mágicos. Rodney Landi, jefe de *merchandising* del Cirque, me proporcionó un asesoramiento impagable y contribuyó a aligerar las coyunturas cruciales, como también lo hizo Marie-Josée Lamy, Directora de Licencias. Genevieve Bastian y Francine Tremblay fueron los mejores aliados que hubiera podido desear, pues me dedicaron innumerables horas para asegurarse de que no me faltaba nada. Louise Simoneau, la ayudante de Lyn Heward, ha sido como una madre para miles de personas que han pasado por el Cirque (entre los que me incluyo). Su generosidad y cordialidad jamás me faltaron. No me es posible citar los nombres de las más de 200 personas que me ayudaron en mi viaje para darle las gracias, pero puedo asegurarles que se las daré en persona cuando las vuelva a ver.

Mis amigos escritores James Tobin y John Lofy me han demostrado ser grandes cajas de resonancia y confidentes. Lo dieron todo en este proyecto. Y, por último, me gustaría agradecer a David Black, mi superagente,y a su ayudante David Larabell, por hacer lo que hacen mejor que cualquier otra persona: cuidar a sus escritores.

Tengo la esperanza de que disfrutarán leyendo este relato tanto como yo gocé viviéndolo.

John U. Bacon
Ann Arbor, Michigan, Noviembre 2005

Visítenos en la web:

www.empresaactiva.com